UNIVERSITÉ DE FRANCE

FACULTÉ DE DROIT DE DOUAI

THÈSE

POUR

LE DOCTORAT

PAR

Constant FURNE

AVOCAT

LILLE

IMPRIMERIE DE J. LEFORT

1873

DE L'ACTION

DU MINISTÈRE PUBLIC

EN MATIÈRE CIVILE

ET DE

L'ACTION DE DOL EN DROIT ROMAIN

THÈSE

POUR LE DOCTORAT

soutenue le 23 février 1878

PAR

Constant FURNE

AVOCAT

Président : M. D. DE FOLLEVILLE, Professeur.

Suffragants :
MM. ESMEIN,
POISNEL-LANTILLIÈRE,
BEAUREGARD,
MICHEL,
FÉDER,
agrégés, chargés de Cours.

LILLE

IMPRIMERIE DE J. LEFORT

1878

A LA MÉMOIRE DE MON PÈRE

A MA MÈRE

MEIS ET AMICIS

SOMMAIRE GÉNÉRAL

—

DROIT ROMAIN

De l'action de dol.

PRÉLIMINAIRES

Du dol en général. — Des principales voies de répression
contre le dol, et de leur ordre chronologique.

CHAPITRE I

Caractères distinctifs de l'action de dol.

CHAPITRE II

Conditions auxquelles l'action de dol peut être intentée.

CHAPITRE III

Des personnes à qui peut être donnée l'action de dol
et contre qui elle peut être intentée.

DROIT FRANÇAIS

De l'action du ministère public en matière civile.

INTRODUCTION

PREMIÈRE PARTIE

Principes généraux.

CHAPITRE I

Caractères distinctifs du ministère public.

CHAPITRE II

Principes sur la division de l'action du ministère public agissant comme partie jointe et comme partie principale.

CHAPITRE III

Etendue de l'action du ministère public, et historique de la question.

DEUXIÈME PARTIE

Cas dans lesquels le ministère public exerce l'action.

SECTION PREMIÈRE

De l'action du ministère public comme partie jointe.

CHAPITRE I

Causes communicables aux termes de l'art. 83 du Code de procédure.

CHAPITRE II

Causes communicables aux termes de différents articles
du Code civil et procédure.

SECTION SECONDE

De l'action du ministère public comme partie principale.

CHAPITRE I

Action principale dans les cas spécifiés par la loi.

CHAPITRE II

Hypothèses particulières (art. 200, Code civil, etc...)

CHAPITRE III

Théorie des pourvois dans l'intérêt de la loi et des
annulations pour excès de pouvoirs.

APPENDICE

Aperçu de la doctrine et de la jurisprudence sur la matière.

———

DROIT ROMAIN

DE L'ACTION DE DOL

PRÉLIMINAIRES

Du dol. — Des voies de répression contre le dol, et de leur ordre chronologique.

Quand la simplicité des mœurs primitives a disparu chez un peuple et que la fraude et la ruse se sont introduites dans les transactions, il importe que les lois viennent en aide aux citoyens, afin que l'adresse et la mauvaise foi des uns ne tournent au désavantage des autres. Ce ne fut qu'assez tard dans la législation romaine qu'on voit apparaître les moyens efficaces pour réprimer le dol.

Examinons d'abord ce qu'on entendait par dol. Ce mot avait dans le principe une signification très-étendue, ce n'est que par l'usage qu'on en fit qu'il finit par être pris en mauvaise part ; mais le mot *dolus*, chez les anciens Romains, n'entraînait avec lui aucune idée de manœuvres frauduleuses, aussi distinguait-on deux sortes de dol, *le dolus bonus* et *le dolus malus*.

Le *dolus bonus*, cela va sans dire, était l'adresse développée dans une bonne intention pour arriver à un but licite. Plusieurs exemples de *dolus bonus* nous sont donnés dans les textes. L'acte accompli dans le but de tromper un ennemi est un *dolus bonus*, telle est la fuite simulée du dernier Horace. L'ingénieux subterfuge, cité par Lucrèce, d'un médecin qui, pour faire prendre à un petit enfant un remède désagréable, enduit de miel les bords de la coupe qui le contient, est encore un *dolus bonus*.

Les Romains, malgré tout le respect qu'ils professaient pour leurs anciennes institutions, ne se défendaient pas de reconnaître une certaine exagération dans le rigorisme de leur législation. Aussi l'adresse déployée pour obtenir par un détour savant un résultat souvent plus équitable, n'était-elle considérée que comme un moyen très-avouable. Ulpien nous en donne un exemple : *Primus* s'est constitué gérant d'affaire de *Secundus* et achète de bonne foi un bien appartenant à celui-ci. L'erreur se découvre avant que la prescription ne soit accomplie ; *Primus* veut éviter le préjudice auquel l'exposerait le retour de *Secundus*, et pour se ménager un recours en garantie contre son vendeur, il fait intervenir un tiers. Celui-ci introduit, au nom de *Secundus*, une action en revendication contre *Primus* qui se trouve par là même autorisé à recourir en garantie contre le vendeur.

Ce détour, ingénieux et fort licite pour arriver à se

soustraire au résultat inévitable et rigoureux des lois, constitue un *dolus bonus*.

Le Digeste nous dit qu'il ne faut pas considérer comme manœuvres dolosives les efforts que déploient, chaque jour, les acheteurs et vendeurs dans le débat sur le prix et la qualité de la marchandise, à moins qu'il n'entre, chez l'un ou chez l'autre, l'intention manifeste de nuire. (D. l. 37. liv. IV. t. III.)

Nous rapporterons encore plusieurs exemples fameux relatés par Cicéron dans son *De officiis*. L'action de dol, nous rapporte-t-il, fut accordée contre un certain Clodius qui, pour éviter une perte certaine, avait vendu sa maison sans déclarer à l'acquéreur qu'il avait reçu l'ordre de la part des augures de la démolir.

Un autre exemple du même auteur, en même temps nous montre que les anciens savaient faire la distinction délicate, quelquefois, entre les faits qui appartiennent au domaine de la conscience, et ceux qui rentrent sous l'application de la loi. Cet exemple, d'ailleurs, est célèbre : C'était à une époque où la ville de Rhodes était en proie à une grande famine, des marchands équipaient de toutes parts des navires, pour approvisionner la ville affamée ; l'un d'eux, favorisé par le vent, arriva le premier, et put vendre sa cargaison à un prix d'autant plus élevé, que les Rhodiens ignoraient l'arrivée prochaine d'autres bâtiments. Le sage philosophe s'élève très-haut contre cette manière d'agir, qu'il considère avec juste raison comme peu loyale. Mais c'est là assurément rentrer dans un ordre de choses, dans lequel le moraliste peut pénétrer, mais où il est difficile au législateur de le suivre, et il faut reconnaître avec le jurisconsulte ancien qu'il n'y avait pas là une manœuvre dolosive.

Pour arriver à préciser la notion du dol, et nous savons maintenant que dans le langage juridique nous devrons toujours donner à ce mot la signification de *dolus malus*, il importe, et ce n'est point difficile, de distinguer le dol de la violence.

Le dol consiste dans la mauvaise foi, tendant de la part d'une personne à causer un préjudice à autrui. En cas de violence, c'est la personne elle-même qui en est victime qui, sous l'influence d'une crainte imminente, agit contrairement à ses intérêts. Aussi la violence est-elle réprimée par d'autres moyens que le dol, et généralement d'une manière plus sévère; car, s'il y a de la part de celui qui est victime d'un dol une certaine faute de s'être laissé tromper, il n'y a au contraire rien à reprocher à celui qui a été victime d'une violence.

Pour savoir au juste comment le dol doit être entendu en droit romain, nous emprunterons la définition qu'en donne le jurisconsulte au titre III, § I, liv. IV, *de dolo malo*.

Avant Labéon dont Ulpien nous rapporte la définition, en l'approuvant, le jurisconsulte Servius en avait donné une, empruntée elle-même à Aquilius Gallus, préteur, qui le premier donna une formule pour réprimer le dol.

Servius avait dit : « *Dolus malus est quod alius agitur, aliud simulatur.* » Cette définition n'avait pas paru complète à Labéon. Selon lui, on peut simuler une chose et en faire une autre sans, pour cela, commettre un dol, c'est pourquoi il faut ajouter, dit-il, l'élément intentionnel et frauduleux.

C'est pourquoi Ulpien se range à l'avis de Labéon, et donne du dol la définition suivante, que nous reproduisons sans la traduire, comme donnant mieux dans sa concision la pensée du jurisconsulte : « *Dolum malum esse omnem calliditatem, fallaciam, machinationem ad circumveniendum, fallendum, decipiendum alterum adhibitam.* »

Nous en concluons que deux éléments sont nécessaires pour constituer le dol : le fait matériel, c'est-à-dire le préjudice causé, et l'intention de nuire. Il importe peu que le dol soit commis par action ou par abstention. Ce dernier cas est prévu dans la loi 22. C. L. XLV, t. I : deux personnes sont en présence ; l'une d'elles acquiert de l'autre, moyennant un prix, un objet en cuivre qu'elle croit être en or ; l'autre promet de le lui livrer sachant l'erreur dans laquelle tombe le stipulant ; ce dernier agira par la *clausula doli.*

La notion du dol étant ainsi déterminée, nous devons nous demander quels sont les voies et moyens par lesquels le droit romain arrivait à le réprimer.

Le préteur Aquilius Gallus, nous l'avons vu, fut le premier qui donna la formule du dol, « *adversus varios et dolosos.* »

Nous en trouvons la confirmation dans un passage de Cicéron. Or ce préteur n'exerça sa charge que vers l'an 88 avant J.-C. Faut-il dire que jusque-là les fourbes et les trompeurs purent se donner libre carrière ?

Pour répondre à cette question, il faut user de distinction.

Il est vrai qu'à l'époque où les contrats de bonne foi n'existaient pas, telle était la rigueur des contrats de droit strict, que la mauvaise foi pouvait s'y glisser facilement, de sorte que ceux qui y recouraient étaient obligés, s'ils ne voulaient pas être dupes, d'opposer la ruse à la ruse et de s'entourer de toutes les précautions possibles. Mais cet état de choses n'avait pas toujours existé, et cette forme stricte, adoptée au début pour contracter, prouve au contraire une probité et une simplicité de mœurs étonnantes chez un peuple dont la formation est due, nous est-il rapporté, à la réunion de bandes errantes et d'individus proscrits, dont la moralité ne devait pas être la première vertu. Le caractère éminemment religieux qu'on rencontre aux premiers âges de Rome, explique ce fait curieux, et ce caractère, tant qu'il ne fut pas anéanti, en fit le peuple le plus fort, le plus courageux, et le plus scrupuleux observateur des contrats.

En effet, les actes importants de la vie civile étaient entourés de sacrifices et de cérémonies religieuses, dont le rite tracé d'avance était rigoureusement observé ; et l'on avait donné aux principaux contrats pour les rendre sacrés et indissolubles des formes symboliques. On ne s'étonne pas alors de voir, à une époque donnée, des contrats dans lesquels les parties, après avoir échangé les formules sacramentelles, se trouvent indissolublement liées, alors même que l'une d'elles n'aurait agi que sous l'influence de menées dolosives, ou même sous l'empire de la terreur : « *Ita lingua nuncupassit, ita jus esto,* » disait la loi des XII Tables. Plus tard , comme cela se voit souvent, on perdit de vue cette origine élevée des institutions , et l'on ne conserva des traditions anciennes , que les formes gênantes et désormais inutiles , si l'on oubliait que derrière elles se cachait un appel fait à la bonne foi des contractants , à la face des divinités protectrices de la cité.

Voici dans quelles circonstances Cicéron vient à nous parler du préteur Aquilius Gallus et de son édit célèbre : il donne au *de officiis* (liv. III, § 14, 15) un exemple bien connu de manœuvres coupables , employées par un vendeur , pour vendre sa maison à un prix très-élevé.

Un chevalier romain , nommé Canius, étant venu à Syracuse, y cherchait une maison de plaisance , où, loin des importuns , il pût recevoir des amis et se distraire avec eux. Un banquier de la même ville, nommé Pythius, vint le trouver. Ses jardins, il est vrai, n'étaient pas à vendre ; mais Canius pouvait en disposer comme s'ils étaient siens ; en même temps, il invite l'étranger à sa table pour le lendemain. Canius accepte et assiste à une pêche extraordinaire, dans les viviers de son hôte , et comme il s'étonne de la quantité de poissons pris par les pêcheurs , « Ne vous exclamez pas, dit l'autre ; tous les poissons de Syracuse se pêchent ici. Tous ces hommes que vous voyez ne peuvent se passer de ma villa. »

La passion de Canius s'allume , il presse le banquier de lui vendre sa propriété ; celui-ci résiste d'abord , et finit par céder, l'autre paye tout ce qu'on lui demande. Le lendemain, quand Canius a réuni ses amis, il s'étonne

de ne pas voir la plus petite barque de pêche. On lui
répond qu'il n'y a jamais eu de pêcheurs, ni de poissons dans la villa de Pythius et qu'il a été indignement
trompé. Mais que faire ! ajoute Cicéron, *mon collègue
et ami* Aquilius Gallus n'avait pas encore publié sa
formule sur le dol.

Nous sommes ainsi fixés, grâce à ce passage, sur
l'époque à laquelle apparut l'action de dol, « *formula
doli*, *judicium de dolo*, » et avec l'action dut suivre
nécessairement l'*exception*, c'est-à-dire la fin de non
recevoir, opposée par la victime du dol à son auteur qui
poursuit l'exécution de l'obligation contractée sous l'empire du dol. Mais le droit romain fournissait un autre
moyen de se garantir contre le dol ; nous voulons
parler de la *restitutio in integrum*, dont l'emploi est
consacré en pareille matière dans la loi 7, § 1. D.
liv. IV. t. II.

Nous n'avons pas à nous occuper ici d'une manière
très-approfondie de ce moyen de recours contre les
manœuvres dolosives. Cependant, comme nous rencon-
trerons plusieurs fois la restitution en entier au cours
de notre étude, il convient de donner une idée exacte de
cette institution prétorienne.

Cette institution est née du besoin de faire cesser la
lutte qui devait nécessairement s'élever entre le droit
rigoureux (*jus strictum*) et l'équité. Et c'est là une des
sources les plus fécondes du développement du droit
positif. C'est cet antagonisme qui, dans une certaine
mesure, avait donné naissance à l'action de dol elle-
même. Les règles du législateur sont en effet des règles
générales, embrassant un certain nombre de cas plus ou

moins analogues, et, par suite, il peut arriver quelquefois qu'une règle ainsi posée en termes généraux et jus-
tifiable en elle-même, se trouve applicable à telle espèce
que le législateur n'avait pas prévue, et qui raisonnable-
ment ne devait pas y être soumise. L'équité se trouve
alors blessée : « *sæpe accidit ut quis jure civili te-
neatur, sed iniquum sit eum judicio condemnari.* »
(Gaius, Com. IV, § 116.)

Alors le préteur, quand tous les moyens ordinaires du
droit faisaient défaut, usant de son *imperium*, annulait
les conséquences fâcheuses qui auraient dû résulter de
l'acte, considérait celui-ci comme non avenu et remet-
tait les choses dans l'état où elles étaient avant la
passation de l'acte. Cela s'appelait *in integrum resti-
tuere*. Ce pouvoir du magistrat était une émanation de
son *imperium* et ne compétait pas aux *judices*. Nous
pouvons donner avec ces éléments d'après M. de Savigny (1) la définition suivante : « *L'in integrum restitutio* » est le rétablissement d'un état antérieur du
droit motivé par une opposition, entre l'équité et le droit
rigoureux et opéré par la puissance du préteur qui
change avec connaissance de cause un droit réellement
acquis.

On a pu se demander quel est, de l'action ou de la
restitution, le premier des moyens qui a été appliqué.
Un certain nombre d'interprètes autorisés, parmi lesquels
nous citerons M. de Savigny (2), pensent que la
restitutio in integrum a précédé l'action de dol, et
cela, disent-ils, parce qu'il faut voir dans cette voie

(1) Savigny : *Traité de Droit romain*, t. VII, § 326.
(2) Ibid..., t. VII, p. 110 et suivantes.

de recours un de ces moyens généraux qui appartiennent bien aux législations primitives et qui permettent de parer à toutes les éventualités. Ce mode répond bien à ce que l'on sait du pouvoir discrétionnaire dont disposait le préteur.

De plus, il faut considérer la place qu'occupe dans l'œuvre de Justinien la *restitutio in integrum* qui se trouve en effet précéder l'action.

Nous ne croyons pas que la *restitutio in integrum* ait précédé l'action comme moyen général de réprimer le dol, car il en eût été fait usage dans l'hypothèse rapportée par Cicéron. Or, ajoute ce jurisconsulte, avant que le préteur Aquilius Gallus n'eût inventé sa formule, le dol n'était réprimé que dans trois cas : 1° Dans les contrats de bonne foi, comme le nom l'indique; 2° Lorsqu'il émanait d'un tuteur, la loi des XII Tables donnait à l'action *Tutelæ* les caractères d'une action de bonne foi, pour garantir les mineurs de toutes malversations; 3° En vertu de la loi *Plætoria*, contre ceux qui abusaient de l'inexpérience d'un mineur de vingt-cinq ans, pour lui faire contracter des engagements contraires à ses intérêts.

Devant une affirmation aussi positive, nous devons croire que la *restitutio in integrum* ne vint, comme moyen de réprimer le dol, qu'après l'action et l'exception.

Les proportions restreintes de ce travail ne nous permettent pas d'aborder ici l'étude détaillée de la *restitutio in integrum* et de l'exception de dol, nous trouverons d'ailleurs l'occasion de reparler de ces deux voies de recours dans les cas où elles pourraient se trouver en conflit avec l'action elle-même.

Nous aurons, dans un premier chapitre, à exposer les caractères distinctifs de l'action de dol; dans un second, à établir les conditions auxquelles cette action peut être intentée. Enfin, nous examinerons, dans un dernier chapitre, quelles sont les personnes à qui elle peut être donnée et contre qui elle peut être exercée.

CHAPITRE I

Caractères distinctifs de l'action de dol.

§ I.

Le préteur étant chargé, par la nature de ses fonctions, d'organiser, pour tous les droits reconnus par le *jus civile*, les moyens les plus convenables de les faire valoir en justice et ayant dans ce but le pouvoir de régler les *judicia* et d'en rédiger les formules, on arriva tout naturellement à admettre qu'il lui appartenait également d'imaginer et d'établir de semblables moyens, pour protéger tous autres rapports que le commerce journalier de la vie civile faisait éclore et qui semblaient dignes aussi d'être reconnus et sanctionnés par l'autorité, bien qu'aucune loi ou autre organe ordinaire du droit civil ne les eût encore consacrés comme rapports de droit. Pour cela, le préteur, dans certains cas, ne craignait pas d'introduire de nouvelles actions quand le besoin s'en faisait sentir.

L'action de dol dont nous nous occupons est une création de ce genre, et nous connaissons déjà le nom du préteur auquel elle est due et dont l'édit portait ces mots : « *Quæ dolo malo facta esse dicentur, si de his rebus alia actio non erit et justa causa esse videbitur, judicium dabo.* » (L. I, D. IV, t. III, § I.)

L'action de dol est donc une action prétorienne.

Tel est le premier caractère de l'action de dol.

Nous aurons successivement à reconnaître :

Que c'est une action *in factum;*

Qu'elle est arbitraire ;

Qu'elle est personnelle ;

Qu'elle est pénale au moins dans une certaine mesure;

Qu'elle est noxale ;

Qu'elle est infamante ;

Qu'elle est annale ;

Enfin qu'elle est subsidiaire.

§ II.

L'action de dol, disons-nous, est une action *in factum,* c'est-à-dire que le préteur, au lieu de poser au juge une question de droit à résoudre, lui donne seulement un certain fait à vérifier. La partie de la formule appelée l'*intentio* est dite *concepta in factum* et se confond avec la *demonstratio;* nous donnerons la formule suivante pour exemple : *Si paret dolo malo Numerii factum esse;* puis suivent les circonstances dans lesquelles le dol a pu être commis, *quanti ea res erit Numerium condemna,* *nisi restituet, si non paret absolvite.*

Ces formules *in factum* sont très-utiles aux fils de famille qui, ne pouvant pas affirmer qu'ils sont propriétaires ou créanciers, par là même ne peuvent faire usage de formules *in jus : in factum actiones etiam filii familiarum possunt exercere.* (L. 13. D. 44. 4.)

Il est probable que les pérégrins faisaient également usage des formules *in factum*, c'est même par l'application qui leur en fut faite en premier, qu'on explique la création de ces actions dues aux préteurs. Ces magistrats en usaient, comme dans l'action de dol, toutes les fois qu'ils voulaient étendre l'application d'une règle de droit, sanctionner un droit nouveau, ou pour faire triompher le principe de l'équité sur la rigueur du droit strict.

C'est ce qui explique comment il se fait que certaines actions étaient conçues tantôt *in factum* tantôt *in jus*, selon les besoins de la cause.

§ III.

L'action de dol est *arbitraire*, c'est-à-dire que le juge, au lieu de condamner immédiatement le défendeur quand *l'intentio* est vérifiée, le soumet au paiement d'une certaine somme d'argent ou à la restitution de l'objet, et ce n'est que sur son refus de s'exécuter qu'il le condamne. Cet ordre qu'il donne, de satisfaire aux prétentions du demandeur, s'appelle le *jussus judicis*. Ce pouvoir qu'avait le juge est *l'arbitrium*.

Dans le *principium* de la loi 18 que nous avons citée, nous voyons que c'est le demandeur qui indique sur la foi du serment quelle condamnation il estime que le défendeur doit encourir pour le rendre indemne ; mais, pour éviter qu'il ne donne une évaluation exagérée, le juge limite la somme jusqu'à concurrence de laquelle le demandeur pourra élever ses prétentions : « *Sed officio judicis debet in utraque actione, taxatione jusjurandum refrenari.* »

Mais, ajoute notre texte, *l'arbitrium* du juge ne pourra pas toujours s'exercer ; il pourra se faire, en effet, que la restitution ne soit pas possible, par exemple, si l'esclave qui a été livré à la suite d'un dol est venu à mourir ; dans ce cas, on le comprend, l'action de dol perd son caractère arbitraire.

Mais alors le défendeur, malgré la bonne volonté qu'il aurait pu avoir de restituer, ne peut plus se soustraire à l'infamie. Et ce résultat ne peut guère se justifier. On eût compris que dans tous les cas l'auteur du dol encourut l'infamie et que le préteur usant de sévérité, comme dans le cas de l'action *furti*, ne laissât pas au délinquant la faculté de restituer, puisque cette réparation n'effaçait pas la culpabilité. Mais du moment où le préteur montrait quelqu'indulgence envers l'auteur du dol, on peut s'étonner qu'il ne lui ait pas accordé un autre moyen de se soustraire à l'infamie. Deux individus me volent chacun un esclave, et, poursuivis par l'action de dol, l'un et l'autre s'empressent de vouloir les restituer ; mais l'un d'eux voit l'esclave mourir avant de pouvoir me le remettre, celui-là encourra irrémédiablement l'infamie, et l'autre s'en retournera sans qu'on puisse l'atteindre d'aucune peine. Ce résultat n'était pas très-équitable, et le préteur, dont le but était précisément de faire triompher l'équité, n'avait pas trouvé la véritable solution qu'il cherchait.

Quelquefois il sera possible, bien qu'il semble qu'il n'y ait rien à restituer, d'éviter une condamnation pour le défendeur. Ce sera le cas où un acte juridique, ayant été consommé par suite d'un dol, dans l'impossibilité où l'on est de mettre cet acte à néant, cependant le défendeur fera en sorte de rendre indemne la victime du dol. Pour rentrer dans le domaine de l'application, la loi 7 § 10 de notre titre en donne un exemple : « *Si dolo malo procurator passus sit vincere adversarium meum ut absolveretur, an de dolo malo adversus eum qui vicit, competat potest quæri? et puto non competere, si paratus sit reus transferre judicium sub exceptione hac, si collusum est, alioquin de dolo actio erit danda.* » Dans ce cas, en effet, grâce à la complaisance en quelque sorte du défendeur, l'action de dol ne naîtra pas, et les parties se retrouveront dans la même situation qu'auparavant, ce qui est pour le demandeur une réparation suffisante. Il y a là une sorte de *restitutio in integrum*, mais qui n'est pas l'œuvre du juge.

§ IV.

L'action de dol doit être classée parmi les actions personnelles. Voyons dans quel sens nous devons entendre cette expression.

Celui qui intente l'action de dol a bien pour but de rentrer en possession d'un objet qui lui appartient, ou de se faire indemniser d'un dommage qu'il éprouve; mais il n'agit pas directement en vertu d'un droit qu'il prétend exercer sur la chose elle-même, en vertu d'un *jus in re*; c'est en vertu d'un rapport personnel que le dol d'un individu a créé que le demandeur à l'action de dol agit. L'auteur du dol a en quelque sorte contracté une obligation envers lui : celle de réparer le préjudice causé. C'est donc dans la catégorie des actions personnelles que devra être rangée l'action de dol. La formule devra contenir dans son *intentio* le nom de l'auteur du dommage; cette mention est, on le voit, nécessaire, car une obligation est un rapport entre personnes déterminées ; on s'inquiétera donc peu de celui qui a profité des manœuvres dolosives, celui-là seul pourra être atteint qui est l'auteur du dol (Gaius, Com. IV, § 110).

L'action de dol est encore personnelle dans un autre sens, en ce qu'elle est *scripta in personam*, c'est-à-dire que ce n'est pas seulement en vertu d'un rapport d'obligation qu'elle sera intentée, mais qu'elle ne pourra l'être contre toute personne qui aurait profité du dol, mais seulement contre l'auteur des manœuvres frauduleuses, ce en quoi l'action de dol diffère profondément de l'action *quod metus causa* qui est aussi une action personnelle, mais qui est *scripta in rem : Cum autem hæc actio in rem sit scripta, nec personam vim facientis coerceat, sed adversus omnes restitui velit, quod metus causa factum sit.* (Loi 9 § 8 D. L. IV. t. 2.)

D'après la suite de ce texte, un homme qui avait un débiteur et un fidéjusseur fait *acceptilatio* au fidéjusseur, par suite des menaces de celui-ci : cette *acceptilatio*, nous le savons, libère non-seulement le fidéjusseur, mais aussi le débiteur principal. Que fera le créancier, victime de la violence du fidéjusseur, violence dont le débiteur est innocent, bien qu'il en profite ? Suivant le jurisconsulte Julien, le créancier s'attaquera au fidéjusseur, et à moins que ce fidéjusseur ne s'arrange pour faire renaître l'obligation primitive cautionnée par lui, il sera condamné au quadruple. Au contraire, suivant Marcellus, de qui la doctrine a prévalu, le créancier peut diriger son action contre le débiteur lui-même, par cela seul qu'il se trouve profiter de l'acte entaché de violence. Et, comme Ulpien le dit ailleurs, cela n'a rien d'inique ; car il est toujours facile au débiteur d'échapper à la condamnation au quadruple en se soumettant de nouveau à l'obligation dont il a été injustement libéré. S'il s'était agi d'un dol, la solution ne serait plus la même, et l'action ne pourrait être intentée que contre le fidéjusseur coupable.

Mais pourquoi a-t-on voulu que l'action *quod metus causa* fût *in rem scripta?* Ulpien nous répond lui-même à cette question : « *Sufficit hoc docere, metum sibi illatum vel vim et ex hac re qui convenitur, etsi crimine caret, lucrum tamen sensisse. Nam cum metus habeat in se ignorantiam, merito quis non adstringitur ut designet quis ei metum vel vim adhibuit : et ideo ad hoc tantum actor adstringitur ut doceat metum in causa fuisse, ut alicui exceptam pecuniam faceret, vel rem traderet, vel quid aliud faceret.* » (L. IV, § III, *Quod metus causa.*)

Au contraire voyons-nous, à la loi 15 § 3 *de dolo malo*, le même jurisconsulte nous dire : *in hac actione designari oportet, cujus dolo factum sit, quamvis in metu non sit necesse.* C'est que celui qui a été victime d'un dol peut, jusqu'à un certain point, se reprocher son inhabileté ; il a été trompé là où sans doute un plus habile ne se serait pas laissé prendre. Tandis que celui qui a succombé à la violence s'est trouvé dans une situation où l'homme le plus fort « *vir constantissimus* » aurait succombé. Et cette différence est si logique et si bien dans l'ordre des choses, qu'elle s'est imposée à notre législateur qui l'a introduite dans notre droit (Code civil, 1116 et 1117).

§ V.

Parmi les différentes divisions des actions, une des plus importantes est celle qui place d'un côté les actions *rei persecutoriæ* et d'autre part les actions *penales*. Dans les premières, le but que poursuit le demandeur est seulement d'atteindre et de récupérer la partie de son bien qui est entrée injustement dans le patrimoine d'autrui : telle est la *rei vindicatio*. Dans les actions pénales, on veut atteindre le défendeur dans sa fortune personnelle pour lui infliger la peine due à son délit.

Au point de vue du demandeur, notre action n'est que *rei persecutoriæ ;* mais, comme le dommage que le défendeur a causé peut ne pas lui avoir profité, la réparation à laquelle il est tenu peut l'appauvrir, et c'est bien alors une peine qu'il encourt quand il est condamné. L'action de dol est donc pénale *a parte rei*.

Mais les actions pénales elles-mêmes étaient de nature différentes, et on peut les diviser en quatre catégories :

1° En actions publiques, *judicia publica* : il s'agit alors de crimes qui blessent la société dans un intérêt de premier ordre et qui compromettent la sécurité de l'Etat. Dans des crimes de cette importance, les Romains ne voulaient laisser à aucun magistrat le soin de réclamer la répression de pareils attentats, et chaque citoyen puisait dans sa conscience et dans son patriotisme le droit de se porter accusateur public ;

2° En *crimina extraordinaria* : le caractère particulier de ces actions est que le coupable est jugé par le préteur qui seul instruit l'affaire ; d'autre part, la rédaction d'un libelle est nécessaire, il s'agit de délits qui ne sont pas renvoyés à la procédure ordinaire par suite de quelques circonstances aggravantes. Tel est le vol commis la nuit. On les qualifie souvent de *crimina privata*, car c'est une partie intéressée qui intente l'action (L. 4, D. XLVII, t. 19) ;

3° En *actions populaires* qui pouvaient être intentées par *quivis e populo*, mais qui donnaient lieu à la rédaction d'une formule et aboutissaient à une condamnation pécuniaire dans l'intérêt du demandeur. Ces actions sont intentées pour réprimer des faits qui, dans une certaine mesure, blessent la société, mais sont de moindre importance que ceux dont nous avons parlé jusqu'ici, c'est par exemple un intérêt de voirie qui est en jeu, de respect pour des choses qui ne sont protégées directement par personne ;

4° Enfin en *actions pénales privées*. Celles-ci sont intentées par les particuliers dont les intérêts ont été lésés. Elles ont pour but, en dehors de la réparation du préjudice causé, de donner soit à la victime une certaine somme d'argent, soit de causer un véritable appauvrissement pour le défendeur. Le droit d'intenter l'action n'appartient qu'à la partie lésée ou à ses représentants.

A Rome, on le voit, il n'y avait pas de ministère public, nous aurons à le constater dans notre étude sur cette institution en droit français. Il appartenait à une civilisation plus avancée de comprendre d'une manière plus étendue les devoirs de l'Etat dans le but de pourvoir dans la plus grande limite aux besoins de la société.

L'action de dol dont le but est de réparer le dommage causé à un particulier, par un fait qui ne compromet nullement l'ordre public, se place tout naturellement dans la catégorie des actions pénales privées. Mais toutes les actions de ce genre qui naissent toutes de délits ou de quasi-délits, n'ont pas toutes les mêmes effets, il y a entre elles d'assez notables différences, et la condamnation encourue varie suivant les degrés de gravité : tantôt la peine prononcée vient enrichir le demandeur, tantôt elle ne lui donne que l'équivalent du préjudice qu'il a subi et n'appauvrit le défendeur qu'autant qu'il n'a pas profité de son acte délictueux. Aussi divise-t-on les actions pénales en plusieurs classes :

1° Celles qui ont pour but de faire prononcer une amende qui profite au demandeur. Telle est l'action *furti manifesti* qui se donne au quadruple, c'est-à-dire qui fait prononcer au profit du plaignant une amende de quatre fois la valeur de l'objet volé ;

2° Les actions mixtes qui dans l'amende prononcée font figurer la restitution de l'objet : elles sont *tam rci persecutoriæ quam penales*. Telle est l'action *bonorum vi raptorum* qui est pénale pour les trois quarts et *rei persecutoria* pour le reste ;

3° Enfin les actions pénales *ex parte rei*, dans lesquelles le demandeur n'obtient aucun enrichissement et le défendeur ne se trouve appauvri qu'autant qu'il n'a pas profité de son acte délictueux.

C'est dans cette catégorie que nous devons placer l'action de dol, puisqu'elle n'a pas pour but de faire prononcer une amende pour le demandeur et que cependant la réparation du dommage peut être une véritable peine pour le défendeur.

Cette division des actions pénales que nous avons retracée n'est pas sans intérêt. Elle est importante, en effet, à plusieurs points de vue, par exemple au point de vue du cumul des actions et au point de vue de leur transmissibilité.

Quand il s'agit d'action purement *rei persecutoriæ*, la personne qui se trouve avoir le profit de cette action ne peut l'exercer qu'une fois, mais en matière d'actions purement pénales, la peine peut se cumuler avec la réparation du dommage éprouvé. De plus, si le délit a été commis par plusieurs personnes, on pourra diriger contre chacun des auteurs une action dont le bénéfice profitera au demandeur.

L'action de dol, n'étant pas purement pénale, ne procurera pas cet avantage : « *si plures dolo fecerint, et unus restituerit, omnes liberantur.* » (Loi 17 pr.)

Etant *rei persecutoriæ* du côté du demandeur, celui-ci n'a aucune raison de cumuler une action avec une autre.

Si nous abordons le point de vue de la transmissibilité aux héritiers, nous devons séparer en deux l'action de dol qui participe à la fois, du côté du demandeur, aux actions *rei persequendæ causa*, et du côté du défendeur, aux actions pénales. Activement, c'est-à-dire du côté du défendeur, l'action de dol poursuit en quelque sorte l'exécution d'une obligation ; le bénéfice de cette obligation est passé aux héritiers de celui au profit de qui elle est née ; passivement, les héritiers de l'auteur du dol en ont également hérité : *Heredibus harum personarum, item adversus heredes de dolo actio erit danda*. Mais s'ils en sont tenus, ce n'est pas à cause de la culpabilité de leur auteur qui ne saurait se transmettre, c'est uniquement en tant que l'hérédité est devenue plus riche qu'ils sont poursuivables : *in heredem eatenus daturum se eam actionem proconsul pollicetur, quatenus ad eum pervenerit : id est quatenus ex ea re locupletior ad eum hereditas venerit.*

Ils ne sont donc tenus que dans la limite de leur enrichissement, de sorte que, si l'auteur du dol n'avait pas profité de son acte, ses héritiers se trouveraient ne rien devoir.

Notons, par application des principes, que si la *litis contestatio* était intervenue du vivant de l'auteur du dol, comme son effet est de produire une sorte de novation, les héritiers du défendeur seraient obligés de défendre à l'action engagée et de payer l'intégralité de la réparation due par l'auteur du dol.

Cette législation était, on le voit, compliquée et de plus ne répondait pas à une idée de justice absolue, car le fait du décès de l'auteur du dol ne devrait pas priver la victime de tout ou partie de la réparation à laquelle elle avait droit.

§ VI.

L'action de dol est de plus noxale : ce caractère lui est reconnue explicitement par le législateur : loi 9, § 4, *hæc actio noxalis erit.* Nous n'avons pas à nous étendre longuement sur ce point. Le demandeur agira contre celui qui tient actuellement en sa puissance le délinquant, de sorte que le chef de famille se trouvera dans cette alternative, ou d'abandonner la personne en sa puissance, ou d'assumer sur lui toutes les conséquences pécuniaires du délit. Cette disposition, qui peut nous paraître assez primitive, s'explique chez les Romains, chez qui le chef de famille ne peut être obligé directement par les délits commis par son esclave ou son fils, pas plus qu'il ne l'est par les contrats que ceux-ci pourraient former ; mais on trouvait juste que, comme l'esclave était entre les mains de son maître un instrument d'acquisition, celui-ci eût à l'abandonner s'il ne voulait réparer le dommage causé. Il en résultait que, si ce dommage était de beaucoup plus important que la valeur de l'esclave, le maître ne perdait pas plus que son esclave ne pouvait lui rapporter. D'ailleurs la sévérité de ce droit fut atténuée par degrés, et l'influence du christianisme fit disparaître l'action noxale.

§ VII.

L'action de dol, avons-nous dit dans l'énumération de ses caractères principaux, est infamante.

L'infamie était en effet à Rome considérée comme une peine très-grave : elle ruinait le citoyen dans sa réputation et l'empêchait de pouvoir prétendre aux charges et aux honneurs publics.

On appelle *infamis*, dit M. de Savigny (*Droit romain*, t. II, page 195), celui qui en vertu de l'application d'une règle générale, non en vertu d'une décision arbitraire des censeurs, perd ses droits politiques tout en conservant ses droits civils.

Cet auteur représente l'infamie comme une sorte de *capitis diminutio :* elle appartient, dit-il, au droit public, et elle est irrévocable.

Mais, à partir des empereurs, l'infamie dut perdre de son importance, lorsque les droits politiques furent rejetés en seconde ligne et que les formes des tributs, des listes du cens, etc., n'existèrent plus dans leur ancienne pureté. Dès lors, l'infamie ne se montra plus que par des effets secondaires dont nous devons parler. Il faut mentionner en première ligne l'incapacité de postuler en justice pour autrui; l'infâme ne peut être ni *cognitor*, ni *procurator*, ni cessionnaire d'action.

Il ne peut intenter une action populaire, car l'amende attribuée à l'accusateur n'avait d'autre objet que de garantir l'intérêt public, et alors il eût été *procurator* de l'Etat. Encore moins pouvait-il être accusateur public des crimes contre la sûreté de l'Etat, car il fallait jouir d'une *existimatio* sans tache pour se faire ainsi l'interprète de la vindicte publique, par là l'infâme était privé de cet honneur si recherché des citoyens qui briguaient la faveur populaire par leurs vertus civiques et leur éloquence mise aux services de la patrie.

La restriction de la capacité du mariage est encore un effet de l'infamie dans le domaine du droit privé. Etrangère à l'ancien droit, la loi Julia en posa le principe, et l'interprétation des jurisconsultes la développa. Cette loi défendit aux sénateurs et à leurs descendants, sans distinction de sexe, le mariage avec les affranchis et avec certaines personnes déshonorées, désignées spécialement. Elle défendit aux hommes nés libres, de contracter mariage avec certaines femmes qu'elle désignait également.

§ VIII.

Comme la plupart des actions qui sont à la fois pénales et prétoriennes, l'action de dol est annale ; c'est ce que nous dit la loi 35 pr. (*de oblig. et act.*).

Mais le délai d'un an, dans lequel l'action de dol doit être intentée, s'entend d'une année utile, c'est-à-dire composée de jours pendant lesquels l'action pouvait valablement être mise en œuvre ; de plus, le délai ne courait que du jour où le dol avait été découvert, et non du jour où il avait été commis. Notons encore que, suivant les règles ordinaires, ce délai était donné pour obtenir *la litis contestatio* et non la sentence.

Constantin apporta de notables modifications à ces règles (loi VIII, Code *de dolo malo*). « Nous avons jugé bon, dit-il, que le délai courût, non du jour où le demandeur a découvert le dol, mais du jour où il a été commis. » Au délai d'une année utile, il substitue deux années continues, afin de faire cesser les difficultés qui naissaient du calcul des jours utiles.

Avant ce prince, on admettait après l'année utile une action *in factum* pour se faire indemniser. A-t-il entendu la maintenir ? c'est ce qu'il ne dit pas. Nous inclinons à croire que, la matière ayant été remaniée presque complétement sous ce rapport, les délais accordés pour intenter l'action de dol étant augmentés, Constantin n'a pas voulu qu'on puisse, sous quelque forme que ce soit, poursuivre un délit dont la preuve était devenue très-difficile après un temps assez long.

§ IX.

Il nous reste à traiter du caractère subsidiaire de l'action de dol ; ce caractère n'est pas le moins important, nous devrons lui consacrer d'assez longs développements. Le préteur, nous aurons souvent à le constater, se montrait fort avare de l'action de dol et ne la donnait qu'en désespoir de cause comme un *ultimum subsidium*.

Aux termes de l'édit du préteur (l. I , § 1, *de dolo malo*), le *judicium de dolo* n'est accordé qu'à condition qu'il n'y ait aucun autre moyen pour le demandeur de se faire indemniser, « *si de his rebus alia actio non erit.* »

Ce mot *actio* doit être entendu d'une manière fort large et comprendre tous les moyens qui pourraient aboutir à désintéresser la personne victime du dol ; aussi, dit le texte, l'édit cessera d'être applicable « *si interdictum sit, vel exceptio* » ; ou encore, ajoute la loi 1 § 4 (*in fine*), si celui qui a contracté avec l'auteur du dol, a eu soin d'introduire la stipulation de dol.

Il est inutile de rappeler sur ce point les principes du droit romain, que nous avons eu l'occasion de citer d'ailleurs, sur les actions de droit strict, où les parties ne s'engageaient que dans la limite des paroles qu'elles prononçaient ; d'où la nécessité d'introduire la *clausula doli* pour se garantir de la mauvaise foi des contractants.

Mais on allait plus loin encore, et on se serait vu refuser l'action, non-seulement dans le cas où l'on aurait conservé un recours contre l'auteur du dol, mais encore contre n'importe quelle personne, « *verumtamen si adversus alium sit actio* (loi 3 et 4, *de dolo malo*). La suite de ce texte nous en donne un exemple : on suppose qu'un mineur de vingt-cinq ans a été circonvenu par quelqu'homme habile qui lui a causé un certain dommage, et cela avec la circonstance aggravante de la collusion du tuteur (1). Dans ces conditions, on refusera au mineur l'action de dol, parce qu'il lui reste un recours contre son tuteur par l'action *tutelæ*.

Le compilateur qui, avant tout, recherche une solution équitable, ajoute toutefois que, si le tuteur était insolvable, il faudrait bien accorder au pupille l'action de dol contre le coupable, car c'est ne pas avoir d'action que d'en avoir une inutile.

L'action de dol serait également refusée, non-seulement dans le cas où l'on aurait présentement un autre moyen de recours, mais même au cas où l'on aurait laissé s'écouler les délais dans lesquels on aurait pu agir par un moyen quelconque (loi I, § 6, de *dolo malo*).

Cependant nous devons faire observer que, si le dol avait eu précisément pour but d'amener la personne à laisser passer les délais, l'action serait accordée, car ce serait le seul moyen de l'indemniser : « *nisi in hoc quoque dolus admissus sit, ut tempus exiret.* »

Il en serait de même d'une personne victime d'un

______

(1) Différents textes portent *tutore concludente*, l'erreur est manifeste, et l'on doit lire *colludente*.

dol, qui, ayant une action dont elle aurait pu faire usage, y aurait renoncé par un abandon volontaire, telle qu'une *acceptilatio* si l'obligation avait été contractée *verbis*. Cette personne ne saurait demander la délivrance de la formule de dol, à moins encore que, dans ce cas, les ruses de son adversaire n'aient eu d'autre but que de l'amener à faire acceptilation.

Examinons quelques espèces qui nous sont fournies par les textes :

Le § IV de la loi 18 à notre titre suppose que le dol d'un défendeur a entraîné péremption d'une instance par l'expiration des délais. On accordera l'action de dol, et le juge, usant de son *arbitrium*, ordonnera à la partie défenderesse d'indemniser la victime du préjudice qu'elle a subi. « *Trebellius ait de dolo dandum judicium ut actor consequatur quanti ejus interfuerit id non esse factum.* »

Le § V de cette même loi nous donne une autre application du caractère subsidiaire de l'action de dol : Quelqu'un vient à tuer l'esclave que vous m'aviez promis, l'action de dol sera donnée contre le meurtrier, est-il dit, car ce cas échappe à l'application de la loi Aquilia. En effet le fait du meurtrier qui constitue pour vous un cas fortuit vous a libéré, vous n'avez donc plus l'intérêt qui est nécessaire pour intenter l'action *legis Aquiliæ*; d'autre part, je ne puis moi-même me servir de ce même moyen, puisque je ne suis pas propriétaire de l'esclave.

Il ne reste donc que l'action de dol qui est alors accordée.

Le recours contre un fidéjusseur ne laisserait pas

de place à l'action de dol. La loi 17 de notre titre
examine une hypothèse particulière : si un fidéjusseur vient à détruire la chose promise avant que
le débiteur soit en demeure, l'action de dol devra
être donnée contre le fidéjusseur parce que, le débiteur
étant libéré, le fidéjusseur l'est aussi.

Et cette solution s'explique par l'application des
principes. La destruction de la chose promise est un
cas fortuit pour le débiteur principal qui est libéré ;
or, l'obligation accessoire ne pouvant survivre à
l'obligation principale, le fidéjusseur se trouve aussi
libéré ; il a bien fallu donner l'action de dol pour
indemniser le créancier.

Si le débiteur avait été *in mora*, la *mora* mettant
la chose aux risques du débiteur, celui-ci ne serait
pas libéré.

Mais avant le meurtre de l'esclave promis par
exemple, le créancier avait, nous le supposons, une
action *ex stipulatu* et comme telle transmissible à
ses héritiers et perpétuelle. Par suite du dol d'un
tiers, il ne se trouve plus avoir qu'une action de dol
annale et intransmissible passivement. Ce résultat en
somme était inique, aussi chercha-t-on à y échapper.
La réaction eut trois phases : dans la loi 38 § IV
de solutionibus, Africain indique dans ce cas une *in
integrum restitutio*, mais seulement par rapport au
fidéjusseur seul.

La loi 32 § V *de usuris* nous montre que
Marcien était d'avis de donner une action *ex stipulatu
utilis*. Le progrès était déjà sensible, il considérait la
restitution comme déjà prononcée.

La loi 88 *de verb. oblig.* donne l'action *ex stipulatu* sans la dire *utilis*, donc *directa*, il n'y aurait donc libération que du débiteur, sans changement de situation pour le fidéjusseur. C'est, on le voit, une dérogation aux principes ; mais l'équité était sauvegardée.

D'autres exemples nous sont encore donnés pour montrer qu'il faut avoir épuisé toutes les autres ressources pour arriver à obtenir l'action de dol. C'est encore d'un mineur de vingt-cinq ans qu'il s'agit : son esclave l'a persuadé, à l'aide de manœuvres habiles, de le vendre avec son pécule ; à peine acheté, l'acheteur s'est empressé de l'affranchir. On suppose d'abord que la vente n'est pas nulle, sans quoi on aurait la ressource de la faire annuler ; on suppose aussi que l'acheteur n'était pas de mauvaise foi, auquel cas on agirait *ex empto.* De plus, on se trouve dans l'impossibilité de recourir à la *restitutio in integrum*, puisque l'on se trouve devant un acte sur lequel on ne peut pas revenir : l'affranchissement. Dans ces conditions, il ne reste réellement que l'action de dol qui sera accordée contre le *manumissus.*

La restitutio in integrum, dont nous avons déjà eu à nous occuper, est elle-même un moyen subsidiaire ; mais elle devra être préférée à l'action de dol toutes les fois où elle sera possible. C'est ce que dit le § 6 de notre loi 1re « *Idem Pomponius refert Labeonem existimare, etiamsi quis in integrum restitui possit, non debere ei hanc actionem competere.* »

Il en serait ainsi dans le cas où un mineur de vingt-cinq ans aurait été trompé ; par suite de ce fait, qu'il avait à sa disposition la *restitutio in integrum*, l'action de dol lui sera refusée, à moins toujours que les manœuvres frauduleuses dont il a été entouré n'aient eu pour résultat de l'empêcher de se servir du moyen de recours que le préteur lui accordait, auquel cas l'action de dol lui serait ouverte. Et qu'on ne dise pas que ce moyen serait illusoire parce que, ne pouvant être employé que dans le délai d'une année, le mineur se trouverait également forclos vis-à-vis de l'action de dol, car le point de départ des délais n'est pas le même : pour la restitution en effet le point de départ est la majorité, pour l'action de dol c'est l'époque à laquelle la fraude à été découverte.

Mais on pourrait nous objecter que si la *restitutio in integrum* doit être préférée à l'action de dol, celle-ci deviendra d'un emploi excessivement rare. A cela nous devons répondre d'abord que la restitution en entier est une mesure extrême dont l'adoption se recommande à la prudence du préteur, c'est lui qui dans sa haute sagesse décidera « *si quis in integrum restitui potest,* » et cette mesure ne lui paraîtra pas opportune si la restitution doit entraîner des inconvénients hors de pair avec les avantages, ou encore s'il lui paraît bon de ne pas laisser l'auteur de la fraude impuni. Enfin il y aura des cas dans lesquels le conflit entre ces deux voies de réparation ne sera pas aussi complet qu'on pourrait le croire. Ce sera par exemple dans le cas où l'auteur du dol serait insolvable, alors, ne pouvant faire réparer le dommage causé, le préteur qui doit sa protection à la victime, fera bien, s'il lui est possible, de rétablir les choses dans l'état qui a précédé le dol.

Il est encore des cas où, quelle que soit la réparation

offerte par l'auteur du dol, cette réparation n'équivaudrait pas pour le demandeur à la restitution de sa chose ; ici encore la *restitutio in integrum* sera naturellement préférée.

L'action de dol, selon les cas, pourrait paraître seule applicable et la restitution sembler un moyen inopportun, et cependant le préteur n'hésitera pas à employer de préférence ce dernier moyen par une faveur toute exceptionnelle pour le mineur : la loi 38 *de dolo* nous le prouve bien. « Un débiteur au moyen d'une fausse lettre détermine son créancier à lui faire remise de sa dette par acceptilation, le créancier qui découvre la fraude peut, s'il est majeur, exercer contre le débiteur *l'actio doli* pour obtenir une indemnité, et s'il est mineur faire revivre la dette par voie de restitution. »

Dans la même hypothèse, on le voit, ce qui guidera le magistrat ce sera l'âge de la victime. On ne saurait voir dans cette décision un véritable arbitraire, et s'il est difficile de délimiter exactement le champ d'application de l'un et l'autre moyens de recours, il faut reconnaître que cela tient au pouvoir discrétionnaire du préteur, pouvoir dont il n'usait pas, on peut le constater, sans discernement.

A part ce que nous venons de dire, l'action de dol a bien un caractère subsidiaire, et de là les jurisconsultes romains ont été jusqu'au bout dans leurs conséquences, et l'action de dol cède le pas devant une action pénale (loi 7, § I, *id.*), ou devant une action populaire. En cas de doute, Labéon penchait pour accorder l'action de dol. Ulpien est d'avis contraire, et voici l'exemple qu'il donne : Le débiteur qui avait à fournir un esclave, soit à la suite d'une vente, soit d'une stipulation, lui fait avaler du poison avant de le livrer, ou le livre affranchi; ou bien, le débiteur d'un fonds y établit une servitude avant de le livrer, ou détruit les bâtiments et les arbres qui le recouvrent. Labéon, disons-nous, dans ce cas, était d'avis d'accorder l'action de dol, soit que le co-contractant ait eu la précaution d'introduire la *clausula doli* ou non, parce que, disait-il, dans ce cas, il y a lieu d'hésiter entre l'une ou l'autre action. Mais Ulpien ne trouve pas cette décision conforme aux principes; pour lui, en cas de la *cautio de dolo*, l'action *ex stipulatu* découle évidemment; au contraire, s'il n'y a pas eu de *cautio*, il y a lieu à l'action *ex empto* qui est une action de bonne foi (l. 7, § 3, *id.*).

C'est ainsi que les textes multiplient les exemples pour montrer tantôt que l'action de dol disparaît devant l'action de la loi Aquilia ou devant l'action *ad exhibendum* (§§ 4 et 5, *id.*).

Plus loin, dans la même loi 7 du titre *de dolo malo*, nous voyons que l'action *ex testamento* est préférée à l'action de dol et, qu'après controverse, Ulpien pense que cette action ne peut être intentée en cas d'abandon noxal.

Le même jurisconsulte examine plus loin une hypothèse où la chose semblait avoir fait doute. On s'était demandé si on aurait pu actionner *de dolo* l'individu qui avait facilité la fuite d'un esclave que son maître avait lié pour l'empêcher de fuir. Ulpien répond négativement : si, dit-il, ce n'est pas par un motif de pitié que l'on a été conduit à délier l'esclave, la chose prend un caractère plus grave, et l'on donnera l'action *furti;*

que si, au contraire, le passant s'est laissé apitoyer sur le sort de l'esclave et l'a délié, il suffira de lui intenter une action *in factum*, car il n'y aura pas ici la mauvaise foi nécessaire pour caractériser un fait de dol.

L'action de dol, qui disparaît devant toutes les actions que nous avons passées en revue, disparaîtrait aussi devant l'exception. Mais on conçoit qu'il ne sera pas toujours possible d'agir par ce moyen qui sans cela rendrait inutile l'action elle-même.

Il faut, pour mettre en jeu l'*exception*, supposer un acte juridique déterminé par le dol d'un individu; lorsque celui-ci demandera l'exécution de l'obligation contractée, on lui opposera l'exception de dol. Dans des conditions semblables, il n'y aura presque jamais lieu à l'action. Cependant, il ne faut pas croire qu'elle ne sera jamais possible; car il peut se faire que, bien qu'un acte juridique ait été la suite du dol, l'exception se trouve inapplicable. Cet effet se produira toutes les fois que l'acte juridique, dont il est question, aura été exécuté et qu'il n'aura pas eu pour résultat de produire une obligation, mais aura déterminé à accomplir un fait, par exemple : un affranchissement. Si le dol vient à être découvert ensuite, quel autre moyen aura celui qui en aura été victime de se faire indemniser? L'exception est impossible, d'autre part, la *condictio indebiti* ne serait pas admise, car ce n'est pas l'indu qui a été payé. Il n'y a donc pas d'autre moyen à employer que l'action de dol.

L'exception de dol suit à peu près les mêmes règles que l'action. Elle n'est non plus opposable qu'à l'auteur même du dol.

Pour exciper de dol, il suffira quelquefois que le demandeur (§ 3. 1. 2. D. *de dol. excep.*) ait intenté une action à tort : J'ai stipulé une certaine somme de quelqu'un à qui j'ai promis de livrer telle chose, ce que je ne fais pas, si j'intentais l'action pour obtenir la somme, je m'exposerais à me voir repousser par l'exception de dol.

Voyons maintenant s'il ne se rencontre pas d'exceptions au principe que l'action de dol est subsidiaire.

On a cru en voir une dans le § 13 de la loi 14 au D. *Quod metus causa*, liv. IV, t. II, où l'on voit que celui qui a été victime d'une violence a le choix entre l'action *quod metus causa* et l'action de dol. Dans ce cas, a-t-on dit, l'action *de dolo* perd son caractère subsidiaire. C'est en vain que, pour échapper à ce texte, on a dit qu'il s'agissait pour le *défendeur* du choix entre l'une et l'autre action. Cela ne se comprendrait pas ; jamais, en effet, on ne consulte le défendeur sur le point de savoir par quelle action il préfère être poursuivi. Il vaut mieux voir dans ce texte une véritable dérogation au principe. Quant au motif qui l'a amenée, voici celui qui a été proposé par M. Accarias : Celui qui a été l'objet d'un attentat et qui veut, pour éviter le tort dont il pourrait souffrir, intenter une action, peut être quelquefois plutôt porté à exercer une action de préférence à l'autre. Il faut, en effet, observer que les deux actions dont il s'agit ont des résultats différents : l'une, l'action *quod metus causa*, a plutôt des effets désastreux sur la fortune de celui qui est condamné, puisqu'elle est donnée au quadruple, c'est-à-dire qu'elle fournit au demandeur l'équivalent de quatre fois ce qu'il a perdu ; l'autre, l'action de dol, s'adresse plutôt à *l'existimatio* du défendeur par ses conséquences infamantes. Il pourra donc se faire, selon la condition du défendeur, que la victime de la violence ait plus d'intérêt, à cause de la situation plus ou moins considérable du défendeur, à se servir de l'action *de dolo* plutôt que de l'action *quod metus causa*. C'est donc très-judicieusement, suivant le commentateur dont nous reproduisons la pensée, que le préteur a laissé entre les mains du demandeur le choix de l'action à exercer.

On a cité aussi comme dérogeant au caractère subsidiaire de l'action de dol, la loi I et 37 C. (*de dolo malo*) et d'autres lois du Code au titre *de dolo malo* qui accordent l'action de dol, alors qu'il s'agit d'actions de bonne foi. Mais on comprendra facilement la confusion dans laquelle on est tombé, si l'on considère qu'en parlant d'action *de dolo*, on n'a pas entendu parler de notre action proprement dite, mais d'action *ex stipulatu*, ou *ex empto* ou autres données sur *le fondement du dol*.

De sorte que le principe que nous avons établi, à savoir que l'action de dol n'est donnée que comme moyen extrême, reste entier.

Après avoir étudié les caractères avec lesquels se présente l'action de dol, nous avons à examiner les conditions qu'il faut réunir pour intenter l'action de dol.

CHAPITRE II

Des conditions auxquelles l'action de dol peut être intentée.

En raison des conséquences particulièrement graves de l'action de dol, cette action n'est pas donnée, comme on le conçoit, à la légère et sans examen, « *neque enim passim hæc actio indulgenda est.* » (L. 9, § 5, *de dolo malo.*) Il importe donc de connaître quelles sont les conditions exigées par le préteur pour obtenir la formule de dol :

I. Il est nécessaire que des manœuvres dolosives aient été employées ;

II. Que le dol ait amené la victime à subir un certain préjudice ;

III. Que ce préjudice soit assez considérable pour légitimer une poursuite ;

IV. Que le demandeur ne soit pas lui-même coupable de dol, et qu'il ne s'agisse pas d'une stipulation immorale.

Examinons en détail ces conditions dont l'examen entre dans la *cognitio causæ* à laquelle est astreint le magistrat avant de délivrer la formule.

§ I.

Nous rangerons dans ce premier paragraphe les conditions essentielles, à savoir : l'existence d'un dol et d'un préjudice suffisamment caractérisé.

Il faut donc en première ligne que le défendeur, ou plutôt celui qui est appelé à jouer ce rôle, ait employé, dans les opérations qui l'ont amené à conclure quelqu'affaire avec le demandeur, des manœuvres dolosives. Et nous savons, par la définition que nous avons donnée du dol, ce qu'il faut entendre par ce mot. Nous avons vu que, pour qu'il y ait dol, il faut que des faits impliquant une mauvaise foi assez évidente soient intervenus. Nous n'avons pas considéré comme tels les roueries de certains marchands vantant leur marchandise. De même (loi 7, § 10, *de dolo malo*) celui qui en toute bonne foi aurait fourni des renseignements satisfaisants sur le compte d'un individu, en fait insolvable, et se trouverait être la cause indirecte des pertes qu'un tiers aurait subies en prêtant de l'argent à cet individu, celui-là, disons-nous avec les textes, ne serait pas poursuivable pour dol.

Il y a là, pour le magistrat chargé d'examiner les circonstances, une appréciation des faits au sujet desquels il serait difficile de tracer des règles exactes.

Qu'il soit nécessaire qu'il y ait un certain préjudice, cela va de soi. Quant à l'importance de ce préjudice, bien que le magistrat conserve une latitude d'appréciation très-grande, cependant on a indiqué un *minimum* pour empêcher que l'action ne soit donnée sans motif suffisant. Cette limite est fixée à deux sous d'or, « *usque ad duos aureos.* » (Loi 10, *de dolo malo.*)

Quant à la valeur de l'*aureus*, elle a varié suivant les époques. Sous César, d'après Pline l'ancien, c'était la quarantième partie de la livre d'or ; elle fut abaissée successivement jusqu'à Justinien, et à cette époque elle représente la soixante-douzième partie de la livre d'or.

Or nous savons quelle était la valeur de la livre romaine comparée à la nôtre ; elle valait environ trois cent soixante-dix grammes, ce qui donnait à l'*aureus* une valeur de quinze francs. Nous pouvons donc estimer que l'action de dol n'était accordée que si le préjudice montait à une somme d'environ trente francs de notre monnaie.

Comme de juste, c'est à la personne qui se plaint d'avoir été victime d'un dol, à articuler les faits dont elle demande la réparation. Ici comme toujours c'est au demandeur qu'il incombe de faire la preuve des faits qu'il avance.

Le jurisconsulte Paul, pour montrer combien on doit user avec ménagement de pareilles voies de recours, a bien soin d'observer : « *Item exigit prætor, ut comprehendatur quid dolo malo factum sit ; scire enim debet actor in qua re circumscriptus sit, nec in tanto crimine vagari.* »

Certainement, l'action de dol emportant l'infamie, ne doit être intentée que quand elle paraît bien justifiée. Nous aurons l'occasion de voir quel poids considérable cette considération avait auprès des jurisconsultes romains ; mais on s'est demandé si elle justifiait la parcimonie, en quelque sorte, avec laquelle l'action de dol était accordée.

On a fait observer que bien d'autres actions qui entraînaient également l'infamie, telle que l'action *furti*, étaient entourées de bien moins de formalités et d'exigences. Il importait peu quel était le montant du préjudice, et cependant l'infamie n'en était pas moins la conséquence. Ce motif ne peut donc pas suffire à expliquer cette anomalie. Que l'action de dol ne soit pas donnée comme l'action *quod metus*, contre toute personne qui a profité du dommage causé à autrui, nous en avons vu la raison, c'est qu'en comparant les deux causes de préjudice, on peut reconnaître que la victime d'une violence est plus intéressante que la victime d'un dol. En cas de dol, il est possible que le plaignant ait eu quelque faute à se reprocher; en cas de violence, il n'en est pas de même.

Mais quand il s'agit de l'action *furti*, ne pouvait-on pas dire aussi que la victime n'avait qu'à être plus vigilante? Et pourtant, bien que l'infamie s'ensuive également, l'action *furti* lui sera bien plus facilement octroyée. Il faut donc rechercher la cause de cette différence ailleurs. Voici, selon un éminent professeur, M. Accarias (commentaire du titre *de dolo malo* à son cours 1875-76), l'explication que l'on peut en donner. Pour lui, le but que l'on s'est proposé dans l'une et l'autre action est loin d'être le même. Ce que l'on s'est proposé dans l'action de dol, ce n'est pas tant d'infliger la peine de l'infamie, la préoccupation principale est la réparation du préjudice causé; au contraire, dans l'action *furti*, ce que l'on s'est proposé avant tout, c'est la punition du coupable, aussi cette action possède-t-elle le caractère pénal à un bien plus haut degré que l'action de dol.

On ne s'arrêtera pas au plus ou moins d'importance du vol commis; par cela seul qu'un vol a été commis, on recherchera le coupable, et l'action sera délivrée; au contraire, quand il s'agit de l'action de dol, on donnera, au besoin, une action *in factum* pour arriver à indemniser la victime, et l'on trouvera la satisfaction suffisante.

On ne recourra à l'action de dol que quand les circonstances seront assez importantes pour motiver l'emploi
d'un mode de réparation, où la peine qui l'accompagne
est une chose accessoire.

§ II.

Il est une situation particulière dans laquelle le magistrat refusera d'accorder l'action de dol : l'action ne
sera pas donnée, dit le § 5 de la loi Ire, *si stipulatio
turpis dolo malo facta sit.* Dans le cas d'une stipulation contraire à la morale, il ne sera pas nécessaire,
dit le jurisconsulte, de donner l'action de dol pour en
éviter les conséquences; car il n'y aurait personne à qui
l'on pût donner une action pour faire exécuter l'obligation qui a été la suite du dol. Les stipulations immorales, en effet (loi 25 *de verbor. obligat.*), sont de
nul effet.

Si elles n'étaient immorales que dans les motifs qui
les ont déterminées, mais non pas en soi : si la stipulation, par exemple, a porté sur une somme d'argent, mais
dans le but de faire commettre un crime, la stipulation
serait valable par elle-même ; mais, au cas où le stipulant voudrait contraindre le promettant à accomplir
l'acte auquel il s'est obligé, le préteur lui accorderait
l'exception de dol.

Il ne faut pas non plus, avons-nous dit, que le demandeur soit lui-même coupable de dol, si, par
exemple, il s'agit d'un trompeur qui a été trompé par
un plus rusé que lui. Nous nous trouvons devant une
classe de gens peu intéressants, pour qui l'édit du pré-

teur ne se montre pas indulgent et avec raison. Il y a, semble-t-il, dans cet échange de procédés de même nature, une compensation de torts qui s'établit, « *si duo dolo malo fecerint, invicem de dolo non agent* (loi 36 *de dolo malo*). » Il s'agit, comme on le pense, d'une mauvaise foi réciproque dans une seule et même affaire, car autrement une personne pourrait s'autoriser d'un certain préjudice qu'elle a subi de la part d'une personne, pour lui en faire subir un plus grand. La même solution est donnée quand il s'agit d'autres actions ayant un caractère analogue, comme l'action *furti*.

Si, par exemple, par suite de manœuvres déloyales, *Primus* obtient de *Secundus* qu'il lui livre un esclave, et que celui-ci livre un esclave qui ne lui appartient pas, de sorte qu'on viendra le reprendre entre les mains de *Primus*, celui-ci ne pourra se plaindre du procédé, car il se verrait lui-même reprocher son propre dol.

Il nous reste maintenant à nous demander à quelles personnes est donnée l'action de dol, et contre qui elle peut être intentée; cette étude fera l'objet de notre dernier chapitre.

CHAPITRE III

Des personnes à qui peut être donnée l'action de dol, et contre qui elle peut être intentée.

Toute personne victime d'un dol et remplissant d'ailleurs les conditions que nous venons d'étudier, sera-t-elle admise à exercer l'action de dol? On peut, en général, répondre affirmativement. Cependant un doute s'est élevé relativement au mineur.

Demandons-nous donc si l'action de dol pourrait être donnée contre un mineur. Ulpien semble répondre à cette question en disant, à propos du mineur *pubertati proximus* : « *Ego arbitror et ex suo dolo conveniendum, si proximus pubertati est : maxime si locupletior ex hoc factus est.* »

On pourrait croire, d'après ce texte, que la question est tranchée d'une façon absolue, mais comme le texte qui précède nous parle d'action *in factum* et d'action *de dolo*, donnée contre les héritiers, alors qu'elle perd son caractère infamant comme nous le verrons, on peut se demander si c'est véritablement de l'action de dol proprement dite dont Ulpien veut parler (loi 13, § I, *de dolo malo*). Mais, outre que les termes qu'emploie le jurisconsulte sont catégoriques, ils semblent de plus mettre en opposition l'action de dol elle-même avec l'action qui n'aurait pour but que la réparation ou préjudice.

Enfin nous savons d'autre part que le mineur *pubertati proximus* était *doli capax*.

Le juge avait sur ce point un pouvoir absolu d'appréciation. Quant à l'impubère *infans* et celui qui n'est qu'*infantiæ proximus*, on peut affirmer qu'il ne sera jamais responsable, car le sens moral ne se rencontre que chez celui qui approche de la puberté. Celui-ci pourra donc être présumé avoir agi avec discernement. Les *Institutes* proclament formellement cette doctrine en ce qui concerne le *furtum*, mais d'autres textes prouvent qu'il faut l'appliquer sans réserve à tous les

genres de faits punissables (Loi 23, l. 47, t. II. —
Loi 3, § 1, liv. 47, t. X).

Dans ce cas, l'infamie n'épargne pas même le *pubertati proximus*, et si l'on s'étonne de voir une pareille
peine frapper un individu aussi jeune, il faut considérer que, d'après les *Institutes*, les mineurs pouvaient
être frappés de la peine bien plus grave de la dépor-
tation.

Si le mineur ne fait pas exception au principe que
l'action de dol est donnée contre tout auteur des actes
frauduleux, nous trouvons d'autres classes de personnes
contre qui l'action de dol proprement dite ne pourra pas
être intentée.

La classe de personnes, dont il s'agit, se trouve être
composée d'individus dont la qualité qui inspire plus ou
moins le respect, « *propter reverentiam*, » répudie
l'emploi de moyens infamants de la part de ceux qui se
trouvent être soumis à leur ascendant. Voici le texte
d'Ulpien, Loi II, § 1 :

« *Quibusdam personis non dabitur, utputa liberis
vel libertis adversus parentes patronosve : cum sit
famosa ; sed nec humili adversus eum qui dignitate
excellit debent dari : puta plebeio adversus consu-
larem receptæ auctoritatis : vel luxurioso atque
prodigo, aut alias vili adversus hominem vitæ
emendatioris.* »

Ce texte indique bien de quelles personnes il s'agit;
ce n'est pas seulement à ceux auxquels la situation de
dépendant ou d'affranchi impose le respect, mais encore
le jurisconsulte prend soin de mettre à l'abri de tenta-
tives infamantes les personnages que leur caractère con-

sidérable et leur vie intègre mettent au-dessus des attaques dirigées de trop bas.

Cependant, comme il ne veut pas, de quelque côté qu'il émane, que le dol reste sans répression, le législateur romain ajoute : « *In horum persona dicendum est, in factum verbis temperandam actionem dandam ut bonæ fidei mentio fiat; ne ex dolo suo lucrentur.* »

Il y aura donc contre ces personnes un moyen de recours, ce sera l'action *in factum*, dans laquelle le mot dol ne sera pas prononcé.

Vis-à-vis de ces personnes, d'ailleurs, cette théorie n'est que la consécration des principes en matière d'action pénale.

Ajoutons qu'il en serait de même de l'*exception* de dol ; car ce n'est pas seulement parce que l'action de dol est infamante qu'elle est refusée contre la catégorie de personnes dont nous parlons, mais parce que l'emploi de ces seuls mots *de dolo malo*, insérés dans une action ou une exception, est injurieux pour le défendeur.

Quant à l'action *in factum* dont nous venons de parler, elle aura, au point de vue de la réparation du dommage, les mêmes effets que l'action de dol, la formule seule sera changée.

Ulpien semble nous dire (loi 13 pr. à notre titre) que si les personnes, à l'égard de qui nous sommes retenus par un certain respect, sont mortes, l'action de dol reprend son empire. Mais nous savons d'une part, que la poursuite contre les héritiers pour obtenir réparation était consacrée en matière de dol (loi 26), d'autre part que le principe que l'infamie ne peut jamais être encourue du fait d'autrui doit toujours recevoir son application. Ce passage d'Ulpien s'explique donc en ce sens que la mention du dol pourra être introduite dans l'action qui sera intentée contre les héritiers des personnes à l'ascendant desquelles on se trouve soumis.

Une pareille disposition n'est qu'une application de la règle d'équité, écrite d'ailleurs dans la loi 206 (de *Reg. juris*.), qu'on peut formuler ainsi : nul ne doit s'enrichir aux dépens d'autrui.

C'est en vertu du même principe que le jurisconsulte décide que le pupille pourra quelquefois être poursuivi du fait de son tuteur « *Si factus est locupletior;* » ce qui délimite bien la portée de la disposition, l'équité veut que le pupille ne s'enrichisse pas, mais elle ne peut aller plus loin, aussi cette action qui n'est donnée que sur le fondement du dol, ne sera ni pénale ni annale, et seulement *rei persecutoria*.

Et il en est de même, ajoute le jurisconsulte dans la suite du texte de la loi 15, des personnes qui profiteraient du dol commis par ceux qui sont chargés de l'administration des deniers d'autrui, et il cite le dol commis par les administrateurs d'une ville, de même le dol commis par un mandataire et dont le mandant aurait profité.

Ces différents cas, on le voit, laissent notre règle entière, et en principe général, nous pouvons dire que seul, l'auteur du dol est poursuivable.

Tels sont les principes généraux du droit romain en matière de dol, et les moyens par lesquels la législation romaine arrivait à réprimer les effets de la mauvaise foi dans les actes de la vie civile.

DROIT FRANÇAIS

DE L'ACTION DU MINISTÈRE PUBLIC EN MATIÈRE CIVILE

INTRODUCTION

SOMMAIRE. Rôle du ministère public dans l'organisation judiciaire. — Historique du ministère public.

Puisque nous avons à retracer le rôle du ministère public dans une de ses fonctions les plus importantes, rendons-nous compte brièvement de la place qu'occupe dans notre organisation judiciaire cette institution.

Il y a un but à atteindre : la justice à rendre ; pour arriver à ce but, il y a des moyens à employer, des autorités pour les mettre en œuvre. En matière civile, on connaît le rôle confié aux autorités qui forment les juridictions de conciliation, et celles de jugement. En matière pénale, à côté de la juridiction du jugement, se trouvent les autorités chargées de l'instruction. Puis, tant au civil qu'au criminel, vient se placer une autre autorité, dont la mission est non moins élevée ni moins redoutable, chargée de requérir l'application de la loi auprès des tribunaux, d'introduire l'action publique, de veiller à l'exécution des jugements et à l'accomplissement des multiples opérations nécessaires au fonctionnement de la justice, de provoquer et de mettre en mouvement les autorités qui en sont chargées, de les aiguillonner, de les requérir, le ministère public en un mot.

L'abus de la force brutale, les attentats à la sûreté publique appellent facilement l'attention de l'autorité répressive; leur auteur a déjà été frappé par l'opinion avant la mise en œuvre de l'action publique. Mais les ténébreuses machinations de la ruse jointe à la cupidité, les collusions coupables contre la loi, les empiétements incessants de l'intérêt sordide contre l'inexpérience sans armes ou contre la faiblesse sans défense, s'ils donnent au magistrat, chargé de veiller à la sécurité de tous, moins d'éclat dans la répression, exigent de lui une vigilance non moins grande, s'il se peut, une science plus profonde et souvent un courage plus élevé. « S'il est quelque dignité parmi nous qui ne se présente pas à notre imagination sans annoncer de grands services à rendre et une gloire à mériter, c'est celle du ministère public. Chacun de ses devoirs lui donne un droit au respect et à l'amour des hommes; toute la société repose en paix sous la foi de sa vigilance, il cherche partout un abus à réformer, un bien à établir; les faibles et les opprimés le trouvent pour organe et pour protecteur, et souvent ils bénissent avec étonnement cette puissance inconnue, qui leur a conservé des droits qu'ils ignoraient. Tous les citoyens lui doivent quelque chose de leur bonheur, excepté les méchants dont la fuite et l'effroi achèvent sa gloire. » (Garat. *Dictionnaire de Guyot*, *verbo* Ministère public.)

Les proportions relativement restreintes de cette étude, nous font une obligation de n'accorder que de courts développements à l'historique du ministère public. Création éminemment française, cette institution a dû sa naissance et son développement aux seules exigences de la civilisation; elle s'est formée graduellement et à mesure que le besoin s'en est fait sentir.

Nous n'en trouvons pas de traces dans les législations anciennes, et elle est demeurée inconnue non pas seulement aux peuplades barbares, mais même aux nations les plus policées de l'antiquité, les Athéniens et les Romains. D'abord, il va sans dire qu'au point de vue du droit civil proprement dit, la sauvegarde des intérêts particuliers était abandonnée à chacun, et nous ne voyons pas l'intervention d'un magistrat chargé de requérir la répression des délits privés.

Mais, même au point de vue des crimes, la répression était abandonnée aux soins de la vengeance et de l'intérêt de ceux qui en avaient été victimes, ou à la bonne volonté des citoyens, cherchant à purger la cité des malfaiteurs.

On ne comprend pas bien de nos jours que la société pût être de la sorte suffisamment protégée. S'il en était ainsi à l'époque où nous vivons, chacun resterait inactif et préférerait laisser le crime impuni que de se voir exposer aux incertitudes d'une action en justice, à la perspective d'une condamnation en cas d'échec, et cela uniquement en vue du bien public.

Mais les peuples anciens tenaient essentiellement à maintenir intactes leurs institutions, et les membres d'une même nation se sentaient solidaires les uns des autres, et ne savaient demeurer oisifs lorsqu'il s'agissait de protéger la sûreté de leurs concitoyens, aussi bien que la leur. Il en était ainsi dans les premiers âges de Rome : tout citoyen romain, gardien vigilant des lois de sa patrie, se sentait responsable des infractions dont il avait été le témoin, s'il ne les faisait réprimer. Mûs par le seul sentiment du devoir, tous étaient pénétrés de la dignité de cette magistrature dont le titre de citoyen les revêtait. « Ils s'assimilaient, dit Quintilien, aux véritables défenseurs de la patrie, en repoussant de son sein la peste intérieure des criminels (1). »

Puis vint le règne des délateurs, quand ce dévouement patriotique fut éteint. Ceux-ci devinrent, aux mauvais jours de l'empire, la honte de la société et l'horreur des honnêtes gens.

Les peuples barbares, qui s'établirent sur les débris de l'empire romain, n'avaient point de lois suffisamment perfectionnées pour qu'on puisse espérer trouver chez eux, mieux qu'à Rome, la trace d'une institution comme la nôtre. L'offensé n'essaie même pas de couvrir sa vengeance d'une sorte de caractère légal, en la faisant consacrer par les tribunaux; il se fait justice à lui-même. Là, on rencontre le duel

---

(1) *Ita pestem intestinam propulsare cum propugnatoribus patriæ comparandum.* (Inst. orat. lib. XII, cap. VII.)

judiciaire dans ce qu'il a de plus primitif : c'est la guerre privée organisée entre la famille de la victime et celle de l'offenseur, guerre qui se termine par la destruction de l'un ou de l'autre parti.

Les compositions furent un progrès. Elles arrêtèrent l'effusion du sang, mais elles ne reposaient que sur l'intérêt privé, et, en appaisant la vengeance, elles enflammaient la cupidité. Il paraît difficile de reconnaître, dans les *actores fisci* ou *actores dominici* du début de la monarchie franque, les ancêtres de nos procureurs ; car si nos magistrats sont investis de fonctions analogues, la charge de veiller, dans une certaine mesure, aux intérêts du fisc, ne forme pas leur caractère dominant. Pourrait-on les voir dans les *Saions* du temps de Charlemagne? Plutôt; mais cette institution fut éphémère et ne survécut pas au grand empereur ; d'ailleurs, nous n'y rencontrons pas, avec évidence, la séparation des pouvoirs entre le juge qui porte la sentence, et l'autorité qui requiert et fait exécuter la peine.

Ce ne fut qu'avec l'établissement des tribunaux permanents, que ce principe de la séparation des fonctions de juge et d'accusateur s'établit. Ce ne fut pas sans de grandes difficultés que la royauté arriva à ce résultat : il fallait enlever aux seigneurs leur juridiction et faire rendre la justice par des fonctionnaires royaux.

Au début, le roi, premier des seigneurs de son royaume, n'avait d'autre prestige que celui de conduire ses vassaux au combat, lorsqu'il n'avait pas à prendre les armes contre eux pour abaisser leurs prétentions et réprimer leurs excès. Il fallut plusieurs siècles d'efforts pour arriver au résultat désiré.

Mais là où la violence eut compromis sa propre existence, la royauté sut employer d'autres armes ; la tâche fut confiée aux légistes. « Poussés par cet instinct de leur profession, par cet esprit de logique, qui poursuit, de conséquences en conséquences, l'application d'un principe, ils commencèrent, sans la mesurer, cette tâche, où après eux s'appliqua le travail des siècles : réunir dans une seule main la souveraineté royale (1). »

Loyseau nous donne le moyen qu'ils employèrent. « Il faut, dit-il, considérer qu'anciennement, et lorsqu'on a craint que les seigneurs usurpassent la souveraineté de leurs provinces, qui lors consistait seulement en la reconnaissance de la justice royale, on étendait tant qu'on pouvait les cas royaux pour maintenir le roy en possession plus ample de cette reconnaissance de la justice. Pourquoy faire les roys envoyaient des juges ou commissaires dans les terres des seigneurs pour juger des cas royaux, comprenant toutes les causes où le roy pouvait avoir quelque prétexte d'intérêt, pour éloigné qu'il fut ; ce qu'étant si hors de saison est de soi-même tombé en désuétude aux siècles suivants, à mesure que ces anciens duchés et comtés ont été réunis à la couronne. » (Loyseau, *Traité des offices.*)

Bientôt tout devint cas royal, les crimes de lèse-majesté, le port d'armes illicite, les troubles, les séditions, tout ce qui portait atteinte à la tranquillité du royaume. De plus, le roi était le protecteur né des faibles ; ses tribunaux se saisirent des causes concernant

(1) Augustin Thierry, *Histoire du tiers-état.*

les veuves, les pupilles, les étrangers ; de là aussi la connaissance des procès sur les dots, les douaires et les testaments. Au civil, on chargea l'officier royal de discuter les contrats scellés du sceau royal, ce qui comprit, après l'institution des tabellions, tous les contrats solennels, et enfin tous ceux passés au profit des établissements, soit religieux, soit laïques. « Plus d'une fois, dit M. Augustin Thierry, la royauté fléchit dans sa nouvelle voie, et se laissa ramener en arrière, par la résistance des pouvoirs et des priviléges féodaux. Mais, en dépit de ces retours inévitables, et malgré les concessions faites sous des régimes faibles, deux choses allèrent toujours en croissant : le nombre des hommes libres à titre de bourgeoisie, et le mouvement qui portait cette classe d'hommes à se ranger d'une manière immédiate sous la garde et la justice du roy. » Nous pouvons concevoir maintenant d'où vient le nom de *gens du roy*, donné aux commissaires royaux, puisqu'ils étaient les représentants directs de l'autorité du souverain.

Il n'est pas facile de préciser la date exacte de la création des *gens du roy*. Certains auteurs la placent sous Philippe le Bel, en 1302, au moment de l'organisation des parlements. Mais il est certain que, s'ils n'existaient pas auparavant avec ce nom, ils existaient en fait avant cette époque, et dès le XIIIe siècle, une ordonnance de 1280 en fait mention sous le nom de *gentes regis*.

Dès cette époque, l'institution ne fit que prospérer : l'ordonnance du 23 mars 1302 avait retracé les règles principales sur les fonctions des procureurs du roi ; d'autres ordonnances vinrent compléter l'œuvre. Au

XVI° siècle, cette magistrature brille de tout son éclat ; au XVII°, deux célèbres ordonnances, l'une de 1667, l'autre de 1670, achevèrent de la règlementer.

Nous retrouverons l'occasion d'examiner d'une manière plus approfondie quelles étaient exactement les fonctions du ministère public en matière civile dans l'ancien droit. Nous aurons achevé de retracer brièvement cet historique, en ajoutant que cette institution subit, en 1790, des changements complets et fut presqu'entièrement remaniée.

D'ailleurs, l'art. 14 du décret des 16-24 août 1790 prononçait la suppression des parlements et de tous les tribunaux d'ancienne création. Ce même décret enlevait aux commissaires du roi les fonctions d'accusateurs publics pour les confier à des magistrats élus par la nation. L'institution était défigurée, mais c'était encore là un semblant d'organisation judiciaire, si on considère ce qui suivit le 10 août 1792.

Le sénatus-consulte du 28 floréal an XII, les décrets du 9 novembre 1808, et surtout du 20 avril 1810, réorganisèrent l'institution du ministère public et tracèrent les limites de ses attributions.

PREMIÈRE PARTIE

Principes généraux.

PROLÉGOMÈNES

SOMMAIRE. Attributions du ministère public dans l'ancien droit. — Il est d'abord chargé uniquement de défendre les intérêts de la couronne. — Extension des cas royaux. — Les attributions des avocats du roi s'étendent aux matières d'ordre public. — Droit d'appel dans l'intérêt de la loi dans tous les cas où le droit est violé.

Pour mieux saisir le caractère de l'intervention du ministère public en matière civile, voyons quelles étaient ses attributions dans l'ancien droit.

Le point de départ de l'action des gens du roi est dans le mandat qu'ils ont reçu du souverain, de prendre en main ses intérêts toutes les fois que le domaine royal est en jeu (1); puis, c'est par l'extension des cas royaux qui deviennent extrêmement nombreux, que les avocats du roi peuvent intervenir dans les affaires tant civiles

(1) Le domaine, dit M. Choppin, est celui qui, de toute ancienneté, est uni et annexé aux fleurons du diadème royal pour la dépense de table ou suite de la Cour royale, ce qui est honorable pour la conservation du royaume, titres, honneurs et dignités de la maison royale.

que criminelles, de sorte qu'en fait ils deviennent les protecteurs de la société (1). Mais, au début, leurs attributions ne s'étant pas trouvées limitées , il serait difficile d'en conclure que leur création répondait à la pensée de donner à la société des protecteurs nés et des fonctionnaires chargés d'intervenir dans tous les cas où l'ordre public semblait intéressé.

Mais peu à peu les causes intéressant les incapables, l'ordre du royaume et le respect des lois entrent dans le domaine des commissaires du roi : ils sont donc bientôt les représentants de l'ordre public.

« Le roi est le protecteur né des faibles et des incapables ; quand les mineurs sont destitués de tuteurs ou curateurs , c'est alors que leur seigneur leur doit tenir lieu de père, à quoi doit obvier le procureur du roy, « *qui pupillos tueri debet.* » (*Coutume de Paris.* J. Brodeau, t. I, p. 302.)

L'édit de 1661 finit par énumérer les causes dans lesquelles le procureur doit conclure : biens ecclésiastiques, biens vacants et sans maîtres, démence, minorité, tutelle, émancipation, curatelle, substitution, inventaires, voirie, etc.... Il n'a même pas alors la possibilité de s'en rapporter *à prudence.* Il en est de même toutes les fois qu'il agite une question de naturalité, de légitimation, annoblissement, séparation de corps. Dès que les droits privés ne paraissent pas suffisamment protégés contre d'injustes entreprises, le procureur du

____

(1) « Les offices d'avocats et procureurs généraux sont très-honorables, parce qu'il leur appartient de soutenir et défendre tant les causes de la couronne et des droits et domaine du roi, que toutes causes publiques, civiles et criminelles, étant la principale partie aux procès criminels. » Barnabé Brisson , *Code Henry troisième.*

roi doit prendre communication des pièces du procès et donner son avis (1).

Un point sur lequel la plupart des auteurs se trouvent être d'accord est de reconnaître, toujours au point de vue civil, au ministère public, qualité pour veiller à l'exécution des lois et jugements. Comme tel, il est le défenseur naturel de la juridiction du tribunal ; il a, comme sanction de ce droit, le pouvoir de toujours interjeter appel ; il le conserve alors même que le jugement a été rendu conformément à ses conclusions, « étant de principe absolu que le ministère public peut défaire ce qu'il a fait. » (*Arrêt de règlement de* 1574.) Quoi de plus déplorable, en effet, qu'une violation de la loi consacrée par une décision judiciaire, qui devient un obstacle permanent à la bonne administration de la justice. « Quelle différence, dit Chenu, entre la violation de la loi par les particuliers, et la violation de la loi recevant la consécration d'un arrêt souverain. » (*Questions notables*, n° 16.)

Ainsi donc les avocats du roi avaient le droit d'interjeter appel des décisions qui leur semblaient contraires aux règles du droit. Il n'y avait là aucun inconvénient, puisqu'en pareil cas ils n'introduisaient pas eux-mêmes l'instance et ne faisaient que reprendre un procès déjà entamé par les parties. Mais, à côté de ce droit, qui est

---

(1) La communication des dossiers était faite au parquet par les *procuratores ad litem* le matin avant l'audience. Elle était obligatoire. — « Commandons à nosdits procureurs desdites sénéchaussées, baillâges ou autres judicatures, qu'ils s'adjoignent avec les parties quand les cas le requerront. Et ces choses commandons et enjoignons sur peine de perdre leurs offices et d'être autrement punis. (*Ordon. de Charles VI*, Paris, 25 mai 1413.)

établi pour eux d'une manière incontestable (Voir l'ordonnance de 1385), et à côté du droit d'intervenir comme
partie jointe, non plus dans tous les procès, mais dans
les cas spécifiés par certaines ordonnances, notamment
par l'ordonnance de 1661, les procureurs du roi avaient-
ils le droit de soulever le débat et d'intervenir comme
partie principale, toutes les fois que l'ordre public semblait intéressé ? C'est là une question vivement con-
troversée dans l'ancien droit, comme elle l'est également
au sujet du droit moderne ; aussi nous ne nous appe-
sentirons pas longuement ici sur ce point, que nous
aurons loisir d'examiner plus avant.

Quelques auteurs s'étonnent qu'alors que la faculté
de faire appel était en quelque sorte sans limites,
le ministère public d'alors n'eût pas le droit d'engager
lui-même le procès, dans le cas concernant l'ordre
public.

Mais peut-on vraiment tirer un argument de ce que
le droit d'appel était illimité et expressément consacré
par l'art. 17, titre XI du Conseil du roi, cité par
Guyot (*verbo* Ministère public), pour dire qu'il en
devait nécessairement découler le droit d'introduire
l'action toutes les fois que l'ordre public semblait l'exiger? Nous ne le croyons pas. Il y a, à notre avis, une
trop grande différence entre les deux cas, pour qu'on
puisse légitimement raisonner par analogie de l'un à
l'autre. Qui ne sent, en effet, que lorsqu'on reconnaît
au ministère public le droit de former opposition à
l'arrêt, interjeter appel, s'il y échet, se pourvoir en
cassation par devant le conseil du roi, alors que le
débat a été soulevé par les parties, c'est prendre en

main moins l'intérêt de celles-ci que l'intérêt de la loi elle-même. « Le rôle des gens du roi, écrivait Garat, est de s'opposer aux interprétations arbitraires, à cette jurisprudence versatile qui déshonore la justice par la versatilité des arrêts. Le ministère public doit rappeler la loi au tribunal et en réclamer la pleine exécution. »

Laissons pour un moment cette question de côté pour examiner les caractères du ministère public.

CHAPITRE I

Caractères distinctifs du ministère public.

SOMMAIRE. Hiérarchie, unité, indivisibilité, indépendance du ministère public. — Le ministère public n'est pas lié par l'acquiescement de l'un de ses membres, ni même par l'exécution d'un jugement. — Les tribunaux ne peuvent exercer aucune censure à son égard.

Les caractères distinctifs du ministère public sont la hiérarchie, l'unité, l'indépendance et l'indivisibilité.

Le ministère public est avant tout un corps hiérarchique dont le ministre de la justice occupe le sommet; les procureurs généraux près les Cours d'appel et près les Cours d'assises sont, aux termes du sénatus-consulte du 16 thermidor an X, sous la surveillance du procureur général à la Cour de cassation ; et les procureurs près les tribunaux et leurs substituts sont sous la surveillance des procureurs généraux.

Un vieil adage, « la plume est serve, la parole est libre, » résume les principes à cet égard.

La plume est serve : c'est-à-dire que le ministre, le supérieur hiérarchique a le droit de commander de faire tel et tel acte de procédure, d'intenter telle action, de former tel appel ou tel pourvoi en cassation, et le devoir du magistrat qui se trouve subordonné dans la hiérarchie est d'obéir, à moins qu'il ne juge à propos d'engager sa responsabilité à ce sujet, quand il croit juste de le faire, et qu'il s'agit d'ailleurs d'attributions à lui personnellement confiées par la loi. Alors l'acte ainsi accompli ou l'omission faite, malgré les instructions du supérieur, n'en produira pas moins son effet légal, puisqu'il était dans les attributions personnelles de l'officier du parquet, sauf la responsabilité de celui-ci envers le chef, aux commandements ou à la direction duquel il ne s'est pas conformé.

La parole est libre : c'est-à-dire qu'en ce qui concerne les conclusions orales, qui ne sont que l'avis, que l'expression de l'opinion du magistrat portant la parole, on ne saurait, en aucun cas, les imposer par commandement à ce magistrat. En effet, les actes de procédure ont pour but de soumettre l'affaire aux tribunaux : dresser les actes, c'est soumettre l'affaire aux tribunaux qui prononceront ; supprimer ces actes, c'est supprimer l'affaire ; la direction, le commandement du chef hiérarchique n'ont rien ici que de très-logique ; mais exprimer son opinion devant le tribunal, c'est une œuvre de conscience et de jugement, choses qui ne se commandent pas; c'est un élément de discussion. Les tribunaux en tiendront ou non compte, suivant qu'ils seront éclairés; ils s'y rangeront ou non d'après leur propre appréciation. Voilà pour la hiérarchie.

Le ministère public forme un corps unique dont chacun des membres est le représentant direct; c'est ce qui forme l'unité de ce corps : unité telle que lorsqu'un membre quelconque du parquet agit, il agit au nom du procureur général, ou mieux, au nom du ministre de la justice (1).

Pour éviter des conflits, dans les causes importantes ou quand le procureur général le demande, les conclusions de l'avocat général lui sont communiquées; s'il ne les approuve pas, ou si ce dernier persiste, son supérieur délègue un autre avocat général ou porte lui-même la parole (ord. 1826, art. 49 et art. 48; décret 6 du juillet 1810). Ce dernier texte porte : « Dans les causes importantes et ardues, les avocats généraux communiqueront au procureur général les con-

---

(1) Dans l'ancien droit, l'étiquette marquait cette unité; aux audiences solennelles, lorsqu'un membre du parquet se levait, tous se levaient aussi; et à la Cour, lorsque chaque conseiller avait individuellement salué le roi, les magistrats du parquet s'avançaient tous ensemble en disant: « Sire, ce sont vos gens. » La qualité de représentants de la souveraineté les suivait partout; défenseur des droits du souverain qui plaide par sa bouche, l'avocat du roi participait, dans une certaine mesure, à la dignité royale. Il avait la préséance sur les autres avocats marchant à sa suite; renouvelant, le premier, le serment professionnel, il portait la parole couvert et ganté, un genou plié sur son banc en signe de respect pour le roi, au nom duquel il parlait, et pouvait émettre l'appel à la face des juges, au moment où la sentence était prononcée.

clusions qu'ils se proposent de donner. Ils feront aussi cette communication dans les causes dont le procureur général voudra prendre connaissance. Si le procureur général et son substitut ne sont pas d'accord, l'affaire sera rapportée devant l'assemblée des membres du parquet, et les conclusions seront prises conformément à ce qui aura été arrêté à la majorité des voix. — Art. 48 : En cas de partage, l'avis du procureur général prévaudra. Le procureur général pourra aussi, lorsque son avis n'aura pas prévalu au parquet, prendre la parole à l'audience et conclure d'après son opinion personnelle. »

Maintenant que faut-il entendre par l'indivisibilité du ministère public ? S'il s'agissait, non plus des officiers du parquet, mais des juges, nous savons qu'il faudrait que ceux-ci aient assisté à toutes les audiences de la cause, pour que le jugement ne soit pas entaché de nullité; au contraire, s'il s'agit du ministère public, peu importe quel représentant ait siégé à l'une ou à l'autre des audiences d'une même affaire, car le ministère public aura toujours été représenté. Cela tient à ce que chacun des membres du parquet exerce les mêmes pouvoirs et représente le corps entier. Chaque officier représente la personne morale du ministère public, comme si tous les membres qui le composent agissaient collectivement.

C'est ainsi que l'art. 7 de la loi du 20 avril 1810, qui contient une règle inverse pour les juges, n'est pas reproduit pour les membres du parquet. (Cassat., 18 avril 1836, *id.* 6 avril 1841.)

« Attendu, voyons-nous dans un arrêt du 20 avril

1842, que le ministère public est un être moral, indépendant de la personne des officiers qui le représentent; que, par suite, il n'est pas nécessaire pour satisfaire à la loi qui exige dans certaines affaires sa présence et le concours du ministère public, que ce soit le même membre qui assiste aux audiences d'une même cause...... »

Mais est-ce à dire que cette indivisibilité et cette unité enchaînent l'un à l'autre les membres du parquet et qu'ils soient tenus par le fait des conclusions que l'un d'eux aura prises? — Non, nous avons vu que les différents représentants du ministère public peuvent avoir des opinions contraires et, qui plus est, les faire valoir.

C'est ainsi que le procureur général sera admis à faire appel d'un jugement rendu conformément aux conclusions d'un procureur près un tribunal de première instance.

Cela résulte de ce que le ministère public est le représentant de la société, qu'il est chargé d'en soutenir les intérêts; il ne saurait donc appartenir à l'un ou à l'autre de ces magistrats de compromettre, par une cause quelconque, des droits qui ne lui appartiennent pas personnellement. Si donc, un magistrat reconnaît lui-même que la marche qu'il a suivie est défectueuse, qu'il s'est trompé, il a le droit de revenir sur son erreur, c'est même pour lui un devoir de faire réformer la décision intervenue. Colmar, 15 mai 1860. — Metz, 31 juillet 1860. — Rouen, 18 mars 1861. — Nîmes, 6 mars 1861. — Paris, 22 février 1861. (Merlin, *verbo* Appel).

A côté de cela, le principe de la hiérarchie sub-
siste toujours : le procureur général, qui est le chef
du parquet, conserve toute son autorité. Il peut, par
exemple, renoncer à un appel qui aurait été interjeté
par un magistrat placé sous ses ordres. Nous trouvons
en ce sens deux arrêts de cassation rendus en matière criminelle le 19 février 1829, — 3 septembre
1829 (Faustin Hélie, t. II, p. 221).

Il en serait ainsi alors même que l'un ou l'autre
des membres du parquet aurait acquiescé au jugement
ou à l'arrêt ; car, pour acquiescer valablement, il faut
avoir la libre disposition des droits à raison desquels
l'action a été formée. Or, de même qu'il n'y a pas
de transaction possible sur ces matières, de même
aussi à raison de leur caractère d'ordre public, elles
ne sont pas susceptibles d'acquiescement. Ce sont en
effet des intérêts d'ordre général qui ont été remis
par la société aux mains du ministère public ; il doit
donc, pour obéir au vœu de la loi, en même temps
que pour satisfaire au devoir de sa conscience, ne
pas tenir compte d'un acquiescement inopportun. Cette
doctrine est confirmée dans la jurisprudence par des
arrêts de la Cour de cassation (18 avril 1806 —
20 novembre 1811 — 7 janvier et 25 février 1813
— 2 août 1815 — 22 octobre 1818, etc.....)

Mais nous irons plus loin ; et, bien que la doctrine
soit divisée sur ce point, nous ne craindrons pas de dire
que notre décision s'appliquera alors même que le ministère public aurait fait exécuter le jugement, jugement
qui lui paraîtrait par la suite n'avoir pas été rendu conformément aux lois dont il a la garde. On ne pourrait,

selon nous , opposer aucune fin de non recevoir contre l'appel ou le pourvoi en cassation qu'il viendrait à former.

Telle est la doctrine des arrêts de cassation du 23 février 1824, du 20 novembre 1811 et d'un arrêt de Nîmes du 6 mai 1861.

On a dit pour repousser cette décision (Voir Ortolan et Ledeau, *Du ministère public*, t. I, p. 86) : Le ministère public n'est pas lié par ses conclusions, parce qu'elles sont seulement le fait du magistrat, l'expression de son opinion personnelle ; mais il est lié par l'exécution qu'il a donnée au jugement ; c'est là un acte qu'il n'a pu faire qu'en qualité d'agent de la loi. Cette distinction nous paraît inadmissible ; car ce n'est pas parce que le ministère public aura exécuté le jugement qu'il se trouvera déchargé de son devoir vis-à-vis de la société ; il n'avait pas le droit d'aquiescer définitivement à un jugement, il aura encore moins celui de l'exécuter, et si l'exécution a eu lieu, elle ne lui est pas opposable ; le magistrat est aussi bien l'agent de la loi dans ses conclusions que dans les actes d'exécution.

Pour continuer à étudier les différents caractères avec lesquels nous apparaît le ministère public, après l'avoir envisagé dans son unité et son indivisibilité, voyons son indépendance vis-à-vis des autres autorités.

Les membres du parquet sont juges en matière civile comme en matière criminelle de l'opportunité de leur intervention directe. Sous ce rapport, ils ne relèvent que de leur conscience , sauf des cas exceptionnels où un texte spécial fait au ministère public une obligation d'intervenir (art. 200, Code civil), ou lorsque l'Etat, par l'intermédiaire d'un de ses fonctionnaires, le charge directement d'introduire une action (Domaine, Douanes). Mais, alors même que son intervention ne semble pas spontanée, cependant, il est libre d'exprimer devant le tribunal son opinion personnelle et de conclure, même contre la partie qu'il représente, son indépendance à cet égard redevient pleine et entière.

Comme conséquence de ce principe d'indépendance, nous voyons que les tribunaux ne peuvent exercer à l'égard des officiers du parquet aucune censure. Ils n'ont que le droit d'instruire, soit le ministre de la justice, soit le procureur général des reproches qu'ils croiraient devoir faire contre l'un des officiers du parquet exerçant auprès d'eux; mais ce droit ne peut être exercé que confidentiellement. Les tribunaux ne pourraient même pas désigner au ministère public des poursuites à exercer, ni lui faire aucune injonction à cet égard. Il a été jugé, spécialement en matière civile, que l'injonction faite par une Cour d'appel au ministère public, dans une affaire civile entre particuliers, de prendre des renseignements à l'effet de connaître l'existence, la forme et la destination d'un registre tenant lieu, dans une colonie, du registre des inscriptions hypothécaires, est un excès de pouvoir (Req. 17 avril 1832), et que la chambre des requêtes de la Cour de cassation est compétente pour annuler l'arrêt qui contient une pareille injonction, sur la dénonciation qui lui en est faite par le procureur général.

Nous sommes aussi amenés à reconnaître qu'il y a excès de pouvoir dans la décision qui, sans gêner directement le ministère public dans l'exercice de ses fonctions, porte cependant atteinte à son indépendance, en lui ôtant son libre arbitre dans les poursuites qu'il intente. Nous trouvons encore l'exemple d'un trouble bien plus grand apporté à l'exercice de ses fonctions dans le fait d'une condamnation personnelle prononcée contre lui, ou dans une citation faite à sa personne devant les tribunaux à raison de ses fonctions. Dans l'un et dans l'autre cas, c'est le rendre personnellement responsable de ce qu'il a fait en qualité d'officier public (Cassation, 27 fructidor an IV).

Ces différents caractères propres au ministère public font qu'un certain nombre de règles applicables aux parties civiles, lui sont étrangères. C'est ainsi qu'il ne pourrait être prononcé aucun jugement par défaut contre lui, car le tribunal n'est régulièrement constitué que quand le ministère public est présent à l'audience. Il est une autre règle que nous devons signaler et qui distingue le ministère public des parties civiles. Il est de principe, aux termes de l'art. 130 du Code de procédure civile, que toute partie qui succombe est condamnée aux dépens. Cette règle n'est point applicable au ministère public, qui ne peut jamais être condamné aux dépens non plus qu'à des dommages et intérêts (Cassat., 17 mai 1825).

Il ne peut être condamné davantage à l'amende de fol appel. Lorsqu'il se pourvoit en cassation, le ministère public, agissant en sa qualité, est dispensé de consigner l'amende à laquelle tout demandeur en cassation est soumis. La même exception lui est accordée quand il veut se pourvoir contre un jugement par la voie de la requête civile. Il est aussi dispensé, dans ce dernier cas, de produire la consultation préalable dont parle l'art. 495 du Code de procédure et dont la loi fait la condition indispensable de la requête civile formée par une partie privée.

CHAPITRE II

Principes sur la division de l'action du ministère public agissant comme partie jointe et comme partie principale.

SOMMAIRE. Règles quand le ministère public agit comme partie jointe. — Dans quelle limite est renfermée son action. — Règles quand il agit par voie principale. — Le défaut ne peut être donné contre lui. — Il ne peut être condamné à l'amende. — Il n'est pas obligé de constituer avoué. — Il peut se pourvoir par tous moyens d'appel. — Peut-il interjeter appel d'une décision où il n'a pas été partie principale en première instance? — Délais dans lesquels il peut le faire. — Autorité de la chose jugée. — Responsabilité.

Nous laissons de côté dans cette étude ce qui touche aux attributions du ministère public en matière disciplinaire pour étudier spécialement son action en matière civile, soit comme partie jointe, soit comme partie principale.

En effet, tantôt il s'agit pour le ministère public de communiquer seulement au tribunal ses propres lumières, le résultat de ses études et de son expérience; tantôt il s'agit pour lui de soulever le débat, d'intenter l'action.

Agissant comme partie jointe et chargé d'éclairer les tribunaux, le ministère public doit prendre la parole toutes les fois qu'il le juge à propos ou quand la loi lui en fait un devoir; il doit toujours être entendu quand des incapables ou des personnes privilégiées sont en cause, ou que l'ordre public est engagé dans le débat; mais il n'est que l'avocat de la loi, il ne donne que son avis, il n'exerce aucune action, et quand il a conclu, sa tâche est terminée : mission qui, ainsi limitée, est encore suffisamment difficile et honorable. Telle est la règle énoncée dans l'art. 2 titre VIII de la loi du 16 août 1790 qui porte : au civil, les commissaires nationaux exerceront leur ministère non par voie d'action, mais par voie de réquisition.

Une des difficultés de la matière est la question de savoir dans quelles limites doit se renfermer le ministère public agissant comme partie jointe. On peut poser comme règle que le ministère public doit se renfermer, comme les parties et le tribunal, dans le cercle des conclusions prises. Hors de là, il courrait le risque d'exercer l'action que les parties seules peuvent exercer. En cela, le ministère public n'a pas un pouvoir plus grand ni moins grand que les tribunaux eux-mêmes qui ne peuvent statuer *ultra petita*. Il pourra donc, s'il est d'avis de faire droit aux conclusions d'une partie, les défendre par des considérations nouvelles, par une appréciation plus exacte ou plus intelligente des faits; puiser, dans sa connaissance des lois et son expérience propre, les raisons de décider qui ont pu échapper aux parties et dont elles auraient pu étayer leurs prétentions; mais il ne peut faire autre chose que de donner son opinion sur le débat qui est soulevé, sans pouvoir en soulever un autre.

Cependant, s'il était un moyen que le tribunal dût relever d'office, le ministère public pourrait le proposer. Dans ce cas, il ne requiert pour ainsi dire pas, il ne fait qu'avertir le tribunal de l'existence d'un droit protecteur qui va être violé (Ortolan et Ledeau, t. I, p. 308).

C'est ainsi que le ministère public peut opposer le défaut de conciliation. Il pourrait encore, par application de ce principe, opposer d'office contre l'appel la fin de non recevoir résultant du dernier ressort, ou celle tirée de la tardivité de l'appel.

(Voir en ce sens : Cass. 2 avril 1850. D. P. 1850-1-81. — Douai, 21 janvier 1851, D. P. 1851-5-163. — Montpellier, 25 déc. 1853.)

Mais de ce que le ministère public a soulevé une fin de non recevoir de cette nature, il ne s'ensuit pas qu'il ait pris le caractère de partie principale, et il ne pourrait pas se pourvoir contre le jugement.

Le ministère public exerce aussi l'action proprement dite et se porte partie principale. Aux termes de l'art. 46, 1er al. de la loi du 20 avril 1810, « le ministère public agit d'office dans les cas spécifiés par la loi. Il surveille l'exécution des lois, des arrêts et des jugements. Il poursuit d'office cette exécution dans les dispositions qui intéressent l'ordre public. »

Nous verrons plus loin quelle portée nous devons donner à cet article et les discussions qu'il a soulevées.

Voyons à quelles règles est soumise l'action du ministère public dans ce cas, et si les règles du droit commun lui sont applicables.

Lorsque le ministère public s'est porté partie principale dans les cas spécifiés par la loi, il est traité comme les autres parties, autant que le permet la nature de ses fonctions. Ainsi, lorsqu'il est demandeur, il parle le premier, et le défendeur peut lui répondre. S'il est défendeur, il parle après son adversaire; étant considéré comme une partie en cause il ne peut être récusé, tandis qu'il peut l'être, quand il n'est que partie jointe (Pr. civ. 381). Il occupe sa place ordinaire, et parle couvert, même en concluant et en lisant les pièces, ce qui est conforme à l'usage ancien (1). A la prononciation du jugement, il reste assis.

Il assiste à toutes les opérations ordonnées, telles qu'expertise, vues de lieux, etc.... Les écritures se font par mémoires communiqués dans les délais ordinaires; les exploits se donnent par huissier, en son nom, ou à sa personne, au parquet. Il ne peut être donné défaut contre lui, nous l'avons vu; si donc il n'est pas présent lors de l'appel des causes, le tribunal doit l'attendre, sauf à le faire avertir qu'il est attendu. S'il se présente comme demandeur ou défendeur intervenant, il le fait par un réquisitoire au tribunal, qui doit être notifié aux parties dans les règles ordinaires. Il n'a pas besoin de l'assistance d'un avoué, c'est lui-même qui fait à son parquet tous les actes de procédure; s'il succombe, le trésor public acquitte les frais faits à sa requête. Le ministère public a, comme les parties, la ressource d'interjeter appel du jugement. Il peut aussi se pourvoir par tierce-

(1) Vêtus de leur robe longue et leur chaperon à la tête, lorsqu'ils parlaient au président et durant la plaidoirie, ils ne faisaient que découvrir le front, la tête demeurait couverte. (Larocheflavin, *Histoire des Parlements.*)

opposition et par requête civile, et se pourvoir en cassation.

Lorsque le ministère public agit comme partie principale, la partie adverse a toujours le droit de lui répliquer ; mais les parties n'ont pas le droit de parler après lui quand il se porte partie jointe ; elles ne peuvent signifier de conclusions nouvelles ; il leur est seulement permis de remettre immédiatement des notes sur les faits qu'elles prétendaient avoir été présentés d'une manière inexacte ou incomplète (Req. 2 juillet 1838).

On sait que les simples particuliers ne sont point admis à se pourvoir par la voie de la cassation ou de l'appel contre des jugements où ils n'ont point été parties ; il n'en est pas de même du ministère public qui, alors même qu'il n'aurait pas agi en première instance, pourrait, dans les cas où ce droit lui est reconnu, se porter partie principale par voie d'appel ou de tierce-opposition. C'est ce qui a été jugé par arrêts de la Cour de Paris du 13 août 1851 (J. P. 1852-11, p. 251), de Metz, 31 juillet 1860 ; d'Orléans, 29 déc. 1860 ; de la Cour de cassation, 2 déc. 1851.

« Attendu, dit ce dernier arrêt, que le droit du ministère public, indépendant du droit des parties, et fondé sur la défense de l'ordre public, peut être exercé pour la première fois devant tout degré de juridiction ; qu'il a pu l'être pour la première fois dans l'espèce, devant la Cour de cassation, etc... » Cette décision est conforme au caractère que nous avons donné du ministère public agissant en matière civile. Comprendrait-on, en effet, qu'il put compromettre par son inaction les droits dont la garde lui a été confiée ? Aussi, nous l'avons vu, cette règle est presqu'unanimement adoptée par la jurisprudence.

Lorsque le ministère public se trouve dans un cas où il a le pouvoir d'exercer l'action et d'interjeter appel, s'il échet, ce sont les règles du droit commun qui s'appliquent quant aux délais, c'est-à-dire qu'ils courent contre lui comme contre les simples particuliers, à partir du jour de la signification du jugement. Lorsque ces délais sont expirés, le jugement ou l'arrêt devient définitif et acquiert contre le ministère public l'autorité de la chose jugée.

Mais où un doute peut s'élever, c'est dans le cas où le ministère public ne se serait pas porté partie principale en première instance, les délais courront-ils contre lui comme contre une partie civile ? Et, s'il en est ainsi, quel sera le point de départ de ces délais ? Une grave raison de douter que le ministère public puisse se voir opposer les délais d'appel, c'est que jusque-là il n'a point été partie au procès ; c'est ensuite que les intérêts qui lui sont confiés sont d'un ordre tellement élevé, que nous avons vu qu'alors même qu'il aurait acquiescé à un premier jugement, il conserve le pouvoir de se pourvoir par toutes les voies de droit. Mais on a soutenu qu'il importait encore davantage que le simple particulier ne restât point indéfiniment sous le coup d'un appel ou d'un pourvoi, que le ministère public pourrait former des années après l'obtention d'un jugement. C'est qu'en effet le jugement a été prononcé en présence du ministère public ; la signification exigée d'ordinaire pour faire courir les délais n'était pas nécessaire.

Conformément à cette doctrine, qui nous semble la meilleure, il a été jugé, par deux arrêts de la Cour de cassation du 22 janvier et du 27 mai 1862, que les délais devront commencer à courir contre le ministère public à compter du jour où l'arrêt ou le jugement ont été rendus. Cependant signalons, en sens contraire, un arrêt de la Cour de Paris du 28 janvier 1809 , de Douai, 18 août 1860 , et de Dijon du 25 février 1860.

Les règles ordinaires concernant l'autorité de la chose jugée devront être appliquées au ministère public. Il ne sera donc pas admis, quand un jugement irrévocable aura été prononcé, à reproduire, contrairement à ce qui se passait dans l'ancien droit, contre la même personne, en la même qualité, une demande identique à celle qu'il aurait déjà formée.

Mais quant aux parties qui seraient restées étrangères au procès, et spécialement ceux en faveur de qui le ministère public aurait intenté l'action, ces parties ne sont aucunement liées par le jugement ; leurs droits ne doivent pas être compromis, parce que le procès aura été intenté d'une façon inopportune ou que les moyens dont ils auraient pu disposer n'auraient pas été invoqués.

Il n'y a d'exception à cette règle que dans un cas particulier, celui de l'art. 200 du Code civil, que nous examinerons en détail : dans ce cas, l'action est et ne peut être intentée que par le ministère public, qui représente directement les parties.

Ajoutons qu'il appartient au ministère public de faire exécuter les jugements et arrêts qui portent sur des intérêts dont la surveillance est placée dans ses attributions.

Tels sont les principes généraux qui régissent l'action du ministère public en matière civile. Si , dans l'exercice de leurs fonctions , les membres du parquet ont commis des délits ou des crimes, ils sont tenus de réparer les dommages qui en ont été la suite, outre les peines qui peuvent les atteindre ; mais ils ne sont pas responsables de leurs erreurs. Il en était ainsi dans l'ancien droit. « Comme le ministère public n'agit que dans l'utilité générale, il n'est point responsable de ses erreurs, à moins que ses erreurs n'aient un caractère d'inconsidération telle , qu'on ne doit pas l'excuser dans un homme chargé d'une fonction aussi redoutable. Le principe constamment suivi est que le ministère public ne peut être recherché que pour ses prévarications. » (Merlin, Rep. *verbo* Ministère public.)

Les particuliers peuvent user de la voie de la prise à partie contre les membres du parquet (art. 505 Proc. civ.) et non pas agir directement par voie de dommages et intérêts (Merlin , Rep. *verbo* Prise à partie).

Pour nous résumer, nous avons vu, dans le titre préliminaire, le rôle et l'historique du ministère public; nous avons vu quelles étaient dans l'ancien droit ses attributions en matière civile, l'étendue de ses droits qui lui permettaient d'interjeter appel de tous les jugements qui ne lui paraissaient pas conformes aux règles du droit et de la justice.

Nous avons ensuite passé en revue les différents caractères distinctifs de cette institution, son unité, son indivisibilité, son indépendance, sa constitution hiérarchique, enfin nous avons envisagé son action sous ses deux formes différentes, soit comme partie principale, soit comme partie jointe, avec les modifications que son caractère particulier apportait au droit commun. Il nous reste, pour achever d'étudier les principes généraux, à nous demander, dans un dernier chapitre, si le ministère public exerce l'action principale toutes les fois que l'ordre public se trouve intéressé, ou s'il faut qu'un texte spécial lui en confère le droit. Quelle que soit la solution que l'on donne à cette question, nous pensons que l'étude détaillée des principaux cas où s'exerce l'action est nécessaire, chacun d'eux pouvant présenter des particularités remarquables ou des difficultés qui lui sont inhérentes. Nous en aborderons l'examen dans la seconde partie de notre travail.

Demandons-nous d'abord quelle est l'étendue de l'action du ministère public, si elle a des limites et par quoi elle est limitée.

L'intérêt de cette question n'échappera à personne; de sa solution dépend le droit plus ou moins grand pour le ministère public d'intervenir dans les affaires des particuliers, d'intenter des actions que ceux-ci pourraient exercer, choses toujours délicates dans lesquelles il faut sauvegarder à la fois la liberté individuelle et le maintien de l'ordre public. C'est pourquoi cette question nous arrêtera quelque temps, et nous serons obligés de lui consacrer d'assez longs développements.

CHAPITRE III

Etendue de l'action du ministère public en matière civile.

La question de savoir si l'action du ministère public s'étend à tous les cas où l'ordre public est intéressé est une de celles qui ont le plus divisé, nous pouvons même dire passionné les esprits, et ce n'est pas seulement dans le camp de la doctrine que se sont agitées les opinions en sens contraire, mais aussi dans la pratique. Une jurisprudence fixe ne s'est pas encore établie, chacun des partis peut considérer que le litige n'a pas été tranché, et la question peut être encore utilement débattue (1).

On n'a pas manqué de rechercher ce qu'il en était dans l'ancien droit, et de savantes recherches et de précieux documents ont été produits sur ce point. Des travaux de cette sorte font honneur à l'érudition de leurs auteurs et facilitent singulièrement la tâche de ceux qui viennent après eux.

Pour nous, nous pensons qu'en une matière qui a été si complétement remaniée à une époque qui n'est pas encore éloignée de la nôtre, il ne faut pas donner aux précédents historiques une importance trop considérable.

(1) Voir les savants développements donnés à cette controverse, par M. G. Debacq (*De l'action du ministère public en matière civile.* Paris, Cotillon, 1867), qui soutient le système restrictif. — Voir aussi l'ouvrage plus récent et encore inachevé de M. Alglave, sur le même sujet, en faveur du système extensif.

Il nous sera d'ailleurs facile de montrer que la tradition, dont il ne faut pas non plus négliger le témoignage, peut être surtout invoquée par le système qui n'admet l'action du ministère public que dans les cas spécifiés.

§ I.

Ancien droit.

SOMMAIRE. Extension excessive des attributions des gens du roi au début. — Réaction qui se produit et restrictions contenues dans quelques ordonnances. — Droit d'appel consacré dans tous les cas.

Ce que nous avons dit au commencement de cette première partie, sur les attributions du ministère public dans l'ancien droit, nous dispense de longs développements. Nous connaissons l'extension presque indéfinie que les procureurs du roi prirent en quelque sorte euxmêmes. Ce qui était de leur part assurément un zèle outré devait amener un refrènement. On ne contestera pas qu'un certain nombre d'ordonnances répondent à une idée de ce genre. Nous citerons celle de Philippe V en juillet 1319, par laquelle le roi interdit à ses gens d'agir en justice comme partie principale dans d'autres affaires que celles intéressant le domaine royal ou ayant trait à quelque principe de *droit public*. (C'est ainsi que nous traduisons *jus publicum*, et nous ne pouvons y attacher le sens d'*ordre public* qu'y voit M. Alglave.) Citons textuellement :

« *Præterea nolumus, imo expresse prohibemus procuratoribus nostris, ne ipsis in causis quibuscumque apponant se aut partem facere præsumant,*

nisi de patrimonio aut alio jure nostro, sine fraude
agatur, vel jus publicum requirat, vel nisi aliter,
cognita causa, à nobis vel a senescalco habeant spe-
cialiter in mandatis. »

Nous pensons donc que c'est une idée restrictive qui
a inspiré ce document.

Ce n'est pas d'ailleurs la seule ordonnance que l'on
puisse produire pour soutenir notre thèse. On cite
encore dans le même sens une ordonnance de Philippe VI, de janvier 1340, défendant expressément
aux procureurs du roi d'intervenir comme partie civile
dans une instance avant que le juge, devant lequel
elle est engagée, ait entendu toutes les parties : « *A*
judice coram quo lis pendebit in judicio partibus
præsentibus auditis. »

Enfin, on peut encore invoquer la déclaration de
décembre 1385, l'art. 87 de l'ordonnance du 15 juillet
1493, portant des prohibitions semblables à celles de
l'ordonnance de 1319, de même l'ordonnance de 1540,
art. 5.

Ces textes nombreux suffisent pour établir qu'en
supposant même que dans le début les gens du roi
aient entendu leur mission d'une manière très-large,
cette mission se trouva peu à peu circonscrite par les
ordonnances des rois.

Pour confirmer notre manière de voir, nous rencontrons une série de textes accordant aux gens du roi l'action
dans des cas déterminés :

En vertu de la déclaration du 15 juin 1697, les
procureurs du roi pouvaient agir directement en matière
de nullité de mariage.

Des attributions du même genre, mais plus restreintes, leur avaient été conférées dans l'ordonnance de 1667, art. 14, titre XX.

Avant de poursuivre les développements historiques de notre question, disons pour nous résumer qu'à une époque qui se rapproche de la date de la création de ce que nous appelons aujourd'hui le ministère public, il s'agissait avant tout pour la royauté d'avoir des représentants prenant en main le soin de ses intérêts, que par suite de l'extension donnée de jour en jour sous l'influence des légistes à l'action royale, les attributions des gens du roi grandirent et finirent par comprendre tout ce qui touchait à l'ordre du royaume et à l'exécution des lois. Alors vint une époque de réaction; on s'effraie de l'immixtion possible des gens du roi dans les affaires des particuliers, et on obtient des garanties contre eux. C'est ainsi que s'expliquent certaines ordonnances dont nous avons parlé. Toutefois, si l'action directe des procureurs du roi est toujours vue avec une certaine méfiance, on n'hésite pas, dès que les parties ont saisi les tribunaux et que le scandale est produit, à laisser aux membres du parquet le soin d'interjeter appel, au cas où les décisions leur paraîtraient contraires à la saine application de la loi.

§ II.

Législation intermédiaire.

SOMMAIRE. Scission dans les fonctions du ministère public. — Création de commissaires du gouvernement et d'accusateurs publics. — Loi des 16-24 août 1790 (art. 2, t. VIII) : la voie de la réquisition est seule ouverte au ministère public en matière civile. — Exceptions à cette règle. — Système de M. Dupin. — La législation intermédiaire est essentiellement restrictive. — Loi du 27 ventôse an VIII, instituant un recours en cassation pour violation de la loi en cas d'excès de pouvoirs.

La Révolution fit en quelque sorte table rase des institutions d'alors, pour les refondre selon les théories nouvelles. C'est ce qui conduisit à opérer une scission dans les fonctions du ministère public; désormais il y aura (loi des 16-24 août 1790, titre VIII) d'une part, des commissaires du roi auprès des tribunaux civils, d'autre part, des accusateurs publics auprès des tribunaux criminels. Quelques paroles de Thouret prouvent la préoccupation qu'on avait d'écarter l'action directe du pouvoir exécutif :

« Dans une monarchie, le pouvoir exécutif résidant aux mains d'un seul a toujours un intérêt, une tendance, des moyens qui peuvent devenir funestes à la liberté de tous. Il faut se tenir attaché au principe de la démarcation sévère des fonctions entre le pouvoir exécutif et les représentants électifs du peuple. En l'appliquant à l'accusation publique, on reconnaît d'abord, par la nature de cette fonction, qu'elle ne pouvait être une délégation constitutionnelle de la couronne. »

Postérieurement à la loi de 1790 et conformément aux idées exprimées par Thouret, un décret des 20 janvier-25 février 1791 portait que les fonctions d'accusateur public seraient électives.

Bien plus, au civil, il n'est plus même question d'accorder au ministère public le droit d'action principale ou de se porter partie appelante dans l'intérêt de la loi. En effet, l'art. 2 du titre VIII, loi des 16-24 août 1790, porte : « Au civil, les commissaires du roi exerceront leur ministère non par voie d'action, mais seulement par voie de réquisition, dans les procès dont les juges ont été saisis. »

Le principe était formel ; et si les art. 1, 3 et 5 chargeaient les commissaires du roi de faire observer les lois et exécuter les jugements rendus, de veiller pour les absents indéfendus, de poursuivre d'office l'exécution des jugements dans celles de leurs dispositions intéressant l'ordre public, il ne faut voir là que des dispositions non pas même exceptionnelles, mais que le ministère public ne pouvait faire exécuter que par la voie de réquisition. En effet, veiller aux intérêts de l'absent indéfendu n'est pas intenter une action, de même faire exécuter les jugements.

Cependant, malgré la précision des termes employés par le législateur de 1790, une opinion dont M. Dupin (affaire *Terrier de la Chaise*, 22 janv. 1862, cass. ch. civile) s'est fait le défenseur le plus autorisé, soutient que la loi de 1790 contient au contraire le droit illimité pour le ministère public d'agir par voie d'action principale quand l'ordre public est intéressé.

Dans cette opinion, on argumente surtout de l'art. 1

de la loi précitée qui réunit dans une seule et même
disposition le principe général applicable aux lois comme
aux jugements : « leurs fonctions (celles des commissaires du roi près les tribunaux) consistent, dit cet
article, à faire observer, dans les jugements à rendre, les
lois qui intéressent l'ordre général, et à faire exécuter
les jugements. » Pris isolément, cet article pourrait jusqu'à un certain point prêter à discussion. Mais l'art. 1,
comme il convient, doit être interprété par et avec les
dispositions législatives qui le précèdent et qui le suivent.
Aussi, en rapprochant l'art. 2 qui s'y rapporte, on voit
que, pour atteindre le but auquel veut arriver le législateur, il n'existe que le moyen de la réquisition pour
les commissaires du roi, et non celui de l'action. Si nous
examinions la jurisprudence de cette époque, nous
verrions qu'elle s'est parfaitement conformée à cette interprétation. On pourrait cependant citer deux arrêts
célèbres qui ont permis au ministère public d'agir en
validité d'un mariage (arrêt de la cour de Bruxelles
du 1er août 1808, Dalloz, Rep. 1re édit., t. X, p. 109.
Sirey 8-2-273, arrêt de la Cour de Pau du 28 janvier
1809 ; Dalloz, Rep. id. Sirey, t. X. 2-241). Mais on
remarquera que, dans ces arrêts, le ministère public
ne s'est pas fondé sur un droit d'agir d'une manière
générale pour faire observer les lois qui intéressent
l'ordre public, mais par un argument *a contrario*,
sur le droit à lui conféré de poursuivre d'office la
nullité de certains mariages.

Pour achever l'historique de l'époque intermédiaire,
disons que cette législation donnait trop peu de garanties pour l'observation des lois ; aussi devait-on revenir

sur ce point aux anciens errements : de là le pourvoi en faveur de la loi. L'art. 25 de la loi du 27 novembre 1790 édicta que, « si le commissaire du roi auprès du tribunal de cassation apprenait qu'il eût été rendu un jugement en dernier ressort directement contraire aux lois ou aux formes de procédure, et contre lequel aucune des parties n'aurait réclamé dans les délais fixés, il en donnerait, après ce délai passé, connaissance au tribunal de cassation ; — que, s'il était prouvé que les formes ou les lois eussent été violées, le jugement serait cassé, sans que les parties pussent se prévaloir de cette cassation, pour éluder les dispositions de ce jugement, lequel vaudrait transaction entre elles. »

Dans le cas d'excès de pouvoirs de la part des juges, des lois postérieures, entre autres loi du 27 ventôse an VIII, art. 80, autorisèrent le commissaire du gouvernement auprès du tribunal de cassation de dénoncer ces faits à la section des requêtes et d'en requérir l'annulation.

Nous aurons à revenir avec plus de détails sur cette matière.

Nous arrivons ainsi à l'époque de la promulgation du Code Napoléon : le principe de la législation intermédiaire paraît de plus en plus étroit, et les rédacteurs du Code civil, en prenant une idée un peu plus haute de ses fonctions, trouvent l'action du ministère public insuffisante et éprouvent le besoin d'étendre ses attributions.

Dans l'intervalle, une constitution du 22 frimaire an VIII (13 déc. 1799) avait réuni les fonctions d'accusateur public à celles de commissaire du gouvernement.

§ III.

Législation contemporaine.

SOMMAIRE. Le Code civil apporte de nombreuses exceptions au principe de la loi de 1790. — Elaboration d'une loi sur l'organisation judiciaire. — Passages de la loi du 20 avril 1810, ayant trait au ministère public (art. 46). — Explication de cet article d'après les travaux préparatoires. — Projet du ministre tendant à reconnaître au ministère public le droit d'action illimitée toutes les fois que l'ordre public est intéressé. — Ce projet est repoussé. — Opinion de Merlin. — Dans cette opinion, les deux alinéas de la loi se contredisent. — Interprétation de ces deux alinéas l'un par l'autre dans le sens restrictif conforme à la tradition. — Notion de l'ordre public. — Documents postérieurs.

Le Code civil ne devait pas avoir l'occasion de proclamer l'étendue des droits du ministère public, ce soin devait plutôt appartenir à une loi sur l'organisation judiciaire, sinon au Code de procédure civile; mais ce Code, exécutoire à partir de 1807, ne contient, relativement aux attributions du ministère public, aucune affirmation de principes nouveaux ; dans les art. 83 et suivants, il énumère seulement les causes communicables au ministère public.

On reste donc toujours soumis au principe de la loi de 1790. Seulement on ne craint pas d'édicter de nombreuses exceptions à ce principe trouvé trop étroit, et ne donnant pas de garanties suffisantes au maintien de l'ordre public.

Ces cas exceptionnels, renfermés dans le Code civil et que nous aurons à étudier en détail, portent principalement sur les nullités de mariage : art. 165, 190 ;

Le rétablissement des actes de mariage frauduleusement omis ou supprimés (art. 200); l'interdiction des furieux, ou d'individus atteints de démence ou d'imbécilité, etc.... (Art. 491).

Bien que ces cas soient assez nombreux, les travaux préparatoires portent toujours la trace de la préoccupation constante de ne pas étendre trop loin le cercle des attributions du ministère public, « l'intérêt de la société, disait le tribun Duveyrier, est sans contredit que les crimes soient réprimés, et que les preuves qui conduisent à leur répression ne dépérissent point, mais un plus grand intérêt commande que le repos de la société ne soit pas troublé sous prétexte de l'affermir » (Fenet, t. X, page 327).

« Nous avons dit, ajoutait Portalis, que le commissaire du gouvernement peut s'élever d'office contre un mariage affecté de quelqu'une des nullités que nous avons énoncées, comme appartenant au droit public.... Mais gardons-nous de donner à cette censure, confiée au ministère public pour l'intéret des mœurs et de la société, une étendue qui la rendrait oppressive et qui la ferait dégénérer en inquisition.... *Il y a souvent plus de scandale dans la poursuite d'un délit obscur, ancien ou ignoré, qu'il n'y en a dans le délit lui-même.* »

Ces dernières paroles sont significatives et ne nous laissent aucun doute sur la manière dont on comprenait l'intervention du ministère public.

Reste à savoir si une loi postérieure est venue modifier les idées sur ce point, et si des circonstances particulières sont venues apporter un courant différent d'opinion. Dans le cours de l'année 1808, alors qu'on projetait une loi sur l'organisation judiciaire, se présentèrent les affaires de Bruxelles et de Pau, que nous avons déjà mentionnées et qui soulevèrent un certain scandale.

Dans l'arrêt de Bruxelles du 1er août 1808, il s'agissait d'un mariage qui avait été annulé, sur les conclusions mêmes du substitut; annulation prononcée à tort, paraît-il, puisque le procureur général crut devoir interjeter appel, pour conserver l'action de la loi et empêcher un scandale résultant de la violation de l'art. 162 (le sieur G... dans l'espèce était sur le point de se remarier avec la sœur cadette de sa première femme, du vivant de celle-ci, après avoir collusoirement fait casser son mariage).

L'appel du ministère public ne s'appuyait pas sur un droit d'action illimitée en matière d'ordre public, puisque ce droit n'existait pas, mais sur un argument assez ingénieux, mais aussi fort contestable, qui consistait à permettre au ministère public d'agir en *rétablissement* d'un mariage, pour cette raison qu'il pouvait *agir en annulation* d'un mariage contracté en opposition avec la loi : les art. 184 et 190 du Code civil lui donnent ce droit. L'autre espèce est analogue et se présentait dans les mêmes conditions, les arguments invoqués sont les mêmes : l'arrêt de la cour de Pau fut rendu quelques mois après le précédent, le 28 janvier 1809. Ces arrêts, sans avoir peut-être un retentissement énorme, furent loin cependant de passer inaperçus.

On élaborait, comme nous le disions, à cette époque, le projet de loi qui devait être la loi du 20 avril 1810. La discussion proprement dite de cette loi offre peu d'intérêt et ne permet pas facilement d'établir l'esprit qui y a présidé. Nous montrerons plus tard que les orateurs, chargés de l'exposé des motifs et du rapport, sont restés dans le vague d'idées générales exprimées avec l'emphase habituel aux discours de cette époque. C'est donc surtout dans le travail des bureaux que nous pourrions trouver des documents caractéristiques. Malheureusement ces documents sont très-peu nombreux et ne jettent pas un grand jour sur la question; sur beaucoup de points, on en est réduit à des probabilités.

Quoi qu'il en soit, le garde des sceaux de cette époque, consulté par les procureurs généraux des Cours de Bruxelles et de Pau, écrivait (1807, n° 5660 archives de la direction des affaires civiles) au procureur général de la Cour de Pau : « Il est des circonstances où le procureur impérial peut poursuivre d'office la nullité d'un mariage, lors même que les parties contractantes consentiraient à l'exécuter. Il doit également protéger celui qui a été fait conformément à la loi, et ne pas permettre qu'on puisse le dissoudre par d'autres voies que celles que la loi a autorisées. Dans ces fonctions comme dans toutes les autres, le procureur impérial est subordonné au procureur général, lequel peut appeler d'un jugement de première instance, qui, adoptant les conclusions du procureur impérial, aurait déclaré nul, sur la demande d'un époux, un mariage évidemment valable. »

Telles sont les instructions du grand juge; il pense trouver dans la loi civile un texte suffisant pour appuyer l'action du ministère public. Peut-être ne se méprenait-il pas sur la précarité des moyens employés, c'est ce que pensent certains auteurs, en recherchant, sur ce point, les idées de Merlin naturellement en rapport, disent-ils, avec son chef hiérarchique, puisque Merlin était, à cette époque, procureur général à la Cour de cassation. « J'ignore, dit Merlin (Répertoire, *verbo* Mariage, sect. VI, § 3, 2-3, 4e édit., t. XVI, p. 285), en parlant de science personnellement certaine, par quels motifs les sieurs D. et G. ne se sont pas pourvus contre cet arrêt; mais ce que je crois pouvoir assurer, c'est que, s'ils l'eussent fait, cet arrêt n'aurait pas échappé à la cassation, et que la Cour suprême, tout en rendant hommage aux considérations morales qui avaient déterminé les magistrats et le procureur général de la Cour d'appel de Bruxelles, aurait pensé qu'ils avaient ouvertement violé la loi, défectueuse sans doute en cette matière, mais toujours sacrée pour ses organes. »

L'opinion de Merlin était-elle partagée par le ministre? Merlin eut-il une part quelconque dans l'élaboration de la loi à raison de ses fonctions; ce sont autant de points obscurs sur lesquels on ne peut baser que des probabilités. Cependant, tout fait croire que ce dernier fait eût été relevé par Merlin lui-même dans ses ouvrages. Il peut paraître au moins vraisemblable (et ce point est fort important à établir dans l'opinion adverse) que le ministre de la justice fut disposé à présenter un projet pour introduire quelques changements dans la matière.

Nous consentons ainsi à reconnaître dans le projet présenté par le ministre une idée d'innovation. En cela, nous ne nous engageons pas beaucoup, car nous verrons que ce projet ne fut pas accepté.

Quoi qu'il en soit, nous trouvons, parmi les documents les plus récemment découverts (1), un projet de loi présenté par Son Excellence le grand Juge, relatif à l'organisation judiciaire et portant la date du 18 novembre 1808. C'est le projet présenté par le ministre de la justice à l'empereur pour être renvoyé devant le Conseil d'Etat : « Art. 23. Les procureurs généraux exerceront l'action de la justice criminelle dans toute l'étendue de leur ressort; ils veilleront au maintien de la discipline dans la Cour impériale, dans les Cours d'assises et dans tous les tribunaux; ils auront la surveillance sur tous les officiers de police judiciaire et officiers ministériels du ressort.

» En matière civile, *ils agiront d'office dans tous les cas qui intéresseront l'ordre public et qui sont spécifiés par la loi.*

» Ils surveilleront, en général, l'exécution des lois, des arrêts et des jugements. »

Tel est le projet du ministre contenant, nous voulons le voir, l'innovation qui lui semble désirable (2). Mais

(1) Bien que la loi sur l'organisation judiciaire n'eût paru qu'en 1810, cependant il est avéré que l'on s'en occupait depuis longtemps. M. Alglave produit à cet égard des documents nouveaux, dus à de patientes recherches et montrant le travail qui s'élaborait au moins depuis le commencement de l'année 1808 dans le ministère.— Alglave, *op. cit.* p. 336.

(2) Nous devons faire remarquer ici que bien des personnes se

ce projet ne paraît pas avoir été adopté. En effet, à la date du 29 novembre 1808, nous trouvons une autre rédaction qui diffère notablement de celle du ministre. Voici le texte du chapitre V qui porte pour rubrique : *Du ministère public*, et qui fut rédigé à la suite d'une discussion au sein de la section de législation : « Art. 83. En matière civile, le ministère public *agit d'office dans les cas spécifiés par la loi.*

» Il surveille l'exécution des lois, des arrêts et des jugements; il poursuit d'office cette exécution dans les dispositions qui intéressent l'ordre public. »

C'est ce second projet qui l'emporte au sein de la section de législation, et qui, discuté devant l'assemblée générale du Conseil d'Etat, devient l'art. 46 de la loi du 20 avril 1810.

Nous devons constater l'absence de documents nous révélant ce qui s'est passé à la section de législation et à l'assemblée générale du Conseil d'Etat; mais il est certain que le projet du ministre ne fut pas adopté. Si nous analysons le projet du ministre, il se compose d'abord de deux parties distinctes : celle qui, comme nous l'avons admis, reconnaît le droit d'action renfermé dans ces mots : « Dans tous les cas qui intéressent l'ordre public et qui sont spécifiés par la loi; » puis une seconde partie qui parle des lois, arrêts et jugements, et qui confère sur ces points un droit de surveillance aux officiers du parquet. Quand il s'agit de l'exécution des

refusent à cette concession : ces mots : «les procureurs généraux agiront d'office dans tous les cas qui intéresseront l'ordre public *ou* qui sont spécifiés par la loi, » ne laisseraient aucun doute; il n'en est pas de même de ces mots que porte le projet du ministre.... « Dans les cas qui intéresseront l'ordre public *et* qui sont spécifiés par la loi. »

arrêts et des jugements, il n'y a pas de difficulté ; mais
que faut-il entendre dans cette seconde partie par l'*exécution des lois ?* Il ne peut pas s'agir de la même
attribution que de celle qui est contenue dans le premier
alinéa ; d'ailleurs, l'expression n'est pas la même ; dans
le primo, le ministre emploie ces mots : « cas qui sont
spécifiés *par la loi.* » Il s'agit ici de la loi civile ; quant
au sens du second paragraphe, pour ne pas croire à une
répétition, il faut voir dans ces mots « *exécution des
lois,* » l'exécution des lois spéciales autres que la loi
civile, autres que les cas spécifiés, exécution qui est
confiée au ministère public. On pourrait citer les
matières disciplinaires, la police de l'audience, etc.

Nous ignorons les motifs qui ont amené un changement de rédaction au sein de la section de législation, et,
devant ce nouveau texte qui est devenu le texte définitif,
nous devons chercher à nous rendre compte du sens
différent qu'il renferme, car il n'est pas à supposer
qu'on ait changé sans motif la rédaction primitive.

Or, dans le premier paragraphe, celui qui, dans le
projet du ministre, contient la prétendue innovation,
la section de législation supprime ces mots : « qui intéresseront l'ordre public. » Il reste « *en matière civile,
le ministère public agit d'office dans les cas spécifiés
par la loi.* » Il paraît bien évident que, cette disposition
se suffisant à elle-même et portant une prescription
absolue en forme de principe général, on a écarté tout
à la fois et la rédaction du ministre et l'innovation
qu'elle contenait.

Puis vient le second paragraphe : « Le ministère
public surveille l'exécution des *lois*, des arrêts et des

jugements ; il poursuit d'office cette exécution dans les dispositions qui intéressent l'ordre public. »

Ce second paragraphe peut être considéré comme la reproduction de la seconde partie du projet du ministre : il prescrit, en effet, de même, la surveillance sur l'exécution des lois. Et pas plus que dans le projet, on ne peut voir, dans « l'exécution des lois, des arrêts et des jugements, » un droit d'action illimitée. On reconnaît, en effet, que l'innovation était contenue dans ces mots du projet : « *ils agiront d'office dans tous les cas intéressant l'ordre public et qui sont spécifiés par la loi,* » et ce paragraphe a été sensiblement modifié.

Dans le texte définitif, nous trouvons dans le second paragraphe : « *il poursuit d'office cette exécution dans les dispositions qui intéressent l'ordre public.* »

Or ces mots, se trouvant d'une part placés après l'exposé du principe général restreignant essentiellement l'action du ministère public aux cas spécifiés, d'autre part, se rapportant *aux lois*, dont le projet du ministre lui-même a parlé, dans un sens où ce mot n'a point une portée générale, nous en concluons que la seconde partie du texte définitif ne saurait être en contradiction avec la première et doit s'entendre « *secundum subjectam materiam.* »

Et si l'on s'étonne de voir ce mot *lois* employé dans des sens différents, et si l'on trouve une certaine subtilité à notre raisonnement, nous montrerons que dans une loi, assurément restrictive au point de vue de l'action du ministère public, la loi des 16-24 août 1790, tout le monde est d'accord sur ce point, sauf l'opinion isolée de M. Dupin, nous montrerons, disons-nous, que cette loi, n'accordant que la voie de la réquisition au ministère public, le chargeait également de veiller à l'observation des lois et à l'exécution des jugements et de poursuivre d'office cette exécution dans les dispositions qui intéressent l'ordre public.

Nous croyons de plus qu'il n'y a pas là un simple rapprochement, mais que les législateurs, en se reportant à ce texte, ont eu l'intention d'en reproduire le sens assurément restrictif.

Si nous avons cru devoir donner quelques développements sur les travaux qui ont précédé la discussion de la loi devant le Corps législatif, c'est que l'exposé des motifs et le rapport de la commission n'étaient pas de nature à jeter un grand jour sur la question.

L'examen de ces documents nous montre, comme nous l'avons déjà fait observer, que les orateurs sont restés dans un ordre d'idées très-générales ; c'est là, d'ailleurs, un point de ressemblance qui se rencontre dans beaucoup de lois élaborées à cette époque ; on n'y trouve plus des discussions aussi approfondies et aussi savantes que celles qui nous sont restées des lois de l'époque du Consulat.

L'exposé des motifs de la loi du 20 avril 1810 avait été confié au comte Treilhard, conseiller d'Etat. Dans ce travail, après avoir exposé le rôle du ministère public en matière criminelle, il aborde ses attributions en matière civile. « Les fonctions dont je viens de parler, dit-il, toutes grandes qu'elles sont, ne sont pas les seules attribuées au ministère public ; la loi l'a constitué encore, en matière civile, le protecteur du faible et de l'orphelin ; il doit être entendu dans toutes les affaires concernant les mineurs et les interdits ; enfin, il n'est aucune affaire d'ordre public qui lui soit étrangère, et le ministère qui poursuit les crimes et les délits et qui protége notre honneur et notre vie dans les Cours d'assises, garantit aussi nos « propriétés dans les Cours civiles. »

On le voit, l'orateur ne signale aucune innovation dans la loi qu'il présente, il se contente de dire que, sur ce point, les rédacteurs de ce nouveau texte sont restés d'accord sur les principes de la matière, et l'on ne saurait même trouver, dans ce passage, d'une façon claire, la distinction entre l'action principale et le droit de se porter seulement partie jointe.

Si nous examinons maintenant le rapport présenté par M. de Noailles au Corps législatif, au nom de la section de législation civile et commerciale, nous le trouverons encore moins explicite : « Le ministère public surveille l'exécution des lois, des arrêts, des jugements ; il poursuit d'office cette exécution dans les dispositions qui intéressent l'ordre public. » C'est le texte lui-même de l'article 46 qui est reproduit sans commentaires.

Bien qu'il ne faille pas attacher, comme nous l'avons dit, une grande importance à ces travaux préparatoires, cependant nous ne pouvons pas ne pas faire observer qu'ils passent sous silence la question qui nous occupe. Il est certain que, si de vives discussions avaient été agitées au sein du Conseil d'Etat ou si un principe nouveau avait été adopté même sans débats, la trace s'en retrouverait dans l'exposé des motifs ou dans le rapport.

Mais il ne faudrait pas aller jusqu'à dire, comme le font les partisans de l'opinion adverse (1), que, les travaux préparatoires étant muets, les deux systèmes opposés n'ont pas plus de droits l'un que l'autre à les invoquer. Il est évident, en effet, que le silence des rapporteurs doit s'interpréter contre les changements et contre les dispositions qui brisent avec la tradition plutôt qu'en leur faveur, autrement on arriverait à des résultats absolument nouveaux mais aussi peu sûrs en matière de discussion.

Nous pensons de même de l'argument (2) qui consiste à dire : « les travaux préparatoires sont également muets au sujet des cas spécifiés dont parle l'art. 46, si donc vous attendez des travaux préparatoires qu'ils viennent toujours corroborer le texte, il faut dire que le ministère public n'a pas même le droit d'agir dans les cas spécifiés, ou bien rejeter l'argument tiré du silence des travaux préparatoires sans en faire un grief contre nous. » Ce dilemme ne nous touche pas; les cas spécifiés, dont parle l'art. 46, forment un renvoi à des textes trop connus pour nécessiter d'autres explications de la part du rapporteur.

Le principe de nos adversaires formerait au contraire une innovation et aurait besoin d'être accompagné de considérations motivées et d'explication dans l'exposé des motifs. Il nous paraît donc inutile de nous appesantir davantage sur cette argumentation ; disons donc que toute interprétation dans un sens extensif de l'art. 46 nous paraît inconciliable avec le texte. Elle

(1) M. Alglave, *op. cit.*, p. 308 , § II.
(2) M. Alglave, *op. cit.*, p. 307.

annulerait d'un coup le premier alinéa au profit du deuxième. Il est, en effet, impossible de donner un sens utile quelconque au premier alinéa, si l'on reconnaît que le second contient au profit du ministère public la consécration d'un droit d'action illimitée. Pourquoi écrire que le ministère public a le droit d'agir dans un cas particulier, quand un texte général de la loi lui confie cette mission, dans tous les cas où un intérêt d'ordre public est lésé? C'est de plus ne pas tenir compte de l'ordre logique qui, dans les idées de chacun, fait mettre le principe important le premier, et fait venir ensuite les modifications, s'il y en a, ou les développements.

Quand le premier paragraphe nous dit que le ministère public agit par voie d'action principale dans les cas spécifiés par la loi, cela indique bien une idée d'exclusion pour les autres cas, et cela équivaut à ces mots : « le ministère public n'agit que dans les cas déterminés par la loi. »

Et quant à ceux qui nous adresseraient le reproche d'enlever toute signification au mot *lois* dans le second alinéa, nous renverrons aux explications que nous avons données sur les travaux préparatoires, explications par lesquelles nous avons démontré que ce second paragraphe avait été emprunté à la loi de 1790, où le mot *lois* se rapportait non plus à un droit d'action sur les matières d'ordre public, nous savons qu'il ne pouvait en être question à cette époque, mais aux divers réglements, procédures disciplinaires, police de l'audience, etc. Nous concédons d'ailleurs que la répétition du mot *lois* dans le second alinéa de l'art. 46 était d'une utilité contestable ; mais notre interprétation nous paraît ressortir de l'étude attentive du texte et des travaux préparatoires.

Les partisans de l'opinion adverse cherchent à se dérober au reproche de contradiction et de suppression d'une partie du texte (1). Selon eux, il était nécessaire, d'une part, d'établir l'action du ministère public dans les cas spécifiés par la loi, ce qui a fait l'objet du premier alinéa ; d'autre part, de consacrer l'action illimitée dans toutes les questions où l'ordre public est en jeu, car les cas spécifiés en question n'étant pas tous relatifs à l'ordre public, disent-ils, on aurait pu croire que le second alinéa ne se rapportait pas auxdits cas ; de là la nécessité d'en faire mention.

Autrement dit, si l'art. 46 s'était borné à édicter que le ministère public aurait le droit de se porter partie principale dans les cas d'ordre public, il aurait pu donner lieu à équivoque, et créer une véritable difficulté. Il pouvait, en effet, se faire que quelques-uns des textes qui, au Code Napoléon ou bien aux lois spéciales, consacraient formellement l'action d'office du ministère public, n'eussent pas rapport à des hypothèses d'ordre public.

Si donc le deuxième paragraphe donne au ministère public le droit de poursuivre l'exécution des lois, en celles de leurs dispositions qui intéressent l'ordre public, le premier paragraphe lui conserve le droit d'agir d'office dans les cas déterminés par les lois préexistantes.

(1) M. Alglave, *op. cit.*, p. 137 et suivantes.

Admettons un moment cette explication et tirons en quelques conséquences, leur examen nous montrera qu'on arrive à un résultat inadmissible.

Il paraît que la confusion était bien à craindre, et que ces cas spécifiés par la loi, ne se rapportant pas à l'ordre public, étaient en bien grand nombre et bien importants, puisqu'on les a jugés dignes d'une mention spéciale. Qu'ils fussent nombreux, cela ne paraît pas démontré; en en élargissant le cercle le plus possible, on arrive à citer les cas suivants où l'idée d'ordre public ne paraît pas aussi étrangère qu'on veut le dire : 1° le droit de faire interdire un imbécile ou un dément, qui n'a ni époux ni parents connus (art. 491, C. civ.); 2° le droit de veiller aux intérêts des prétendus absents; 3° de faire nommer un curateur à une succession vacante; 4° de requérir l'inscription de l'hypothèque légale des femmes mariées; 5° de réclamer la déchéance du grevé qui n'a point fait nommer de tuteur à la substitution.

Ce soin, avec lequel on aurait visé ces cas spéciaux dans une loi spéciale, suppose nécessairement une bien minutieuse attention, des scrupules bien délicats, dont il ne reste, d'ailleurs, nulle trace dans la discussion. Puis, si telle a été l'idée du législateur, il faut reconnaître tout d'abord qu'il l'a bien mal exprimée, car il n'était pas nécessaire de faire deux paragraphes pour arriver à ce résultat, et surtout de mettre l'idée la moins importante en vedette; ces simples mots : « le ministère public agira d'office dans tous les cas qui intéresseront l'ordre public et dans ceux qui sont spécifiés par la loi, » eussent suffi. C'était, avec encore un peu plus de précision, le sens que nous avons bien voulu prêter au projet du ministre.

D'ailleurs, en entrant dans l'idée de nos adversaires, le danger d'une confusion était-il bien à craindre?

C'était supposer que, dans une loi extensive, qui venait de promulguer l'action illimitée du ministère public, on était exposé à voir les interprètes diminuer la sphère d'action des officiers du parquet.

Il serait bon aussi de se demander si ces cas, que nous avons cités à la suite de nos adversaires, et qui sont les seuls qu'ils aient pu recueillir, sont bien étrangers à l'ordre public ! En réponse à cette question, nous ferons remarquer que c'est précisément par des cas de cette nature que les avocats du roi ont commencé par étendre leur action : ils considéraient ces cas comme étant intimement liés à l'ordre public, et à propos desquels le roi se devait d'intervenir. Il suffirait de se rapporter aux développements historiques que nous avons donnés sur ce point.

Vouloir démontrer le contraire, ce serait comprendre d'une manière bien peu large la notion de l'ordre public, et en écarter des cas intéressant pourtant à un très-haut point l'intérêt général. Ce serait vouloir emprisonner, dans le cercle d'une formule bien étroite, une notion qui paraît devoir échapper à toute formule et à toute définition, une notion dont la nature, éminemment changeante et progressive, fait que le législateur préfère en abandonner l'interprétation à l'arbitraire du juge, sachant qu'il trouvera dans la conscience et les lumières de celui-ci, la meilleure source d'application et la mieux accommodée aux temps et aux circonstances (1).

Nous sommes donc amenés à rejeter l'explication qu'on donne de l'alinéa 1er de l'article 46, par la nécessité où l'on se trouvait de prévoir ceux des cas visés par le Code n'entrant pas dans la notion de l'ordre public. Nous pouvons donc conclure qu'il faut interpréter le second paragraphe de l'art. 46 de la loi de 1810 avec le premier ; c'est le seul moyen d'éviter une contradiction, que nos adversaires rendent plus évidente par les efforts infructueux qu'ils font pour l'écarter et la faire disparaître.

Ainsi tombe l'objection, qui consistait à faire du premier alinéa une modification de l'autre, et à donner au second une étendue beaucoup plus grande

---

(1) Un des principaux inconvénients de la doctrine contraire est l'obligation dans laquelle on se trouve, pour poser une limite à l'action du ministère public, de définir ce que comprend l'ordre public. M. Alglave (p. 512 et suiv.) se livre à un travail remarquable pour trouver cette définition, il croit avoir trouvé un *criterium* certain dans cette remarque, que tous les cas intéressant l'ordre public sont des cas sur lesquels il n'est point permis aux parties de transiger, et qui ne peuvent se résoudre, en fin dernière, par une question pécuniaire. Cette idée se trouve au moins en germe dans l'art. 6. Nous ne pouvons entrer dans de longues digressions à ce sujet; nous remarquerons seulement que ce n'est pas là un *criterium* certain qui s'applique à toutes les hypothèses. C'est ainsi que cette formule se trouve trop étroite pour contenir les cas où les incapables, absents, etc., sont intéressés. Cependant on admet généralement que la protection due auxdits incapables est d'ordre public. Il suffit d'ailleurs, si l'on veut avoir une idée de ce que le législateur entend par ordre public, de consulter l'art. 85 du Code de procédure, qui contient une énumération des causes qui doivent être communiquées comme touchant à l'ordre public. Nous voyons qu'il y est fait mention des intérêts des absents, des femmes mariées, etc....

qu'au premier ; avec cette objection, tombe le principal argument de nos adversaires.

Il nous reste à examiner si des documents postérieurs peuvent venir corroborer notre thèse, ou au contraire la battre sérieusement en brèche.

Nous trouvons d'abord dans l'ordre de date, le décret du 18 juin 1811, contenant : règlement pour l'administration de la justice en matière criminelle, de police correctionnelle et de simple police et tarif général des frais. L'art. 122 de ce décret porte : « Il en sera de même (il s'agit d'un mode déterminé de taxation et de recouvrement de frais de justice) lorsque le ministère public poursuivra d'office les rectifications des actes de l'état civil, en conformité de l'avis de notre Conseil d'Etat du 12 brumaire an XI, comme aussi au sujet des poursuites faites en conformité de la loi du 25 ventôse an XI, et généralement de tous les cas où le ministère public agit dans l'intérêt de la loi et pour assurer son exécution. »

On se base sur les termes employés à la fin de cet art. 122, pour nous montrer une application du principe d'action illimitée pour tous les cas d'ordre public, au profit du ministère public, et ainsi pour montrer la confirmation de la loi du 20 avril 1810 dans le sens de l'opinion que nous combattons.

C'est là, croyons-nous, tirer une bien grosse conséquence d'une disposition qui n'a pas la prétention d'interpréter l'article sur lequel nous discutons ; car ce décret ne se présente pas comme un commentaire de la loi de 1810, et comme donnant des règles d'interprétation. Ce n'est que très-indirectement que l'art. 122 vient rappeler l'action du ministère public, et l'on voit avec quelle généralité de termes il en parle.

Dit-il que le ministère public aura, dans tous les cas, le droit de poursuivre l'exécution des lois ? Pas le moins du monde, et ce serait d'ailleurs donner une extension encore plus complète à la loi de 1810, qui met au moins à ce droit la restriction relative à l'ordre public, tandîs que le décret de 1811 ne fait mention de restriction d'aucune sorte.

L'art. 122 se borne à indiquer de quelle manière seront taxés et recouvrés les frais faits par le ministère public, dans *tous les cas* où il agit pour assurer l'exécution de la loi.

Or, pour connaître ces cas, il suffit de s'en rapporter aux textes qui les contiennent spécialement, mais faire dire à cet article, d'une façon absolue, que le ministère public agit dans tous les cas où l'ordre public l'exige, c'est outre-passer ses termes et sa portée générale.

Nous trouvons ensuite une loi du 30 juin 1838 sur les aliénés. Par l'art. 32, on crut nécessaire d'accorder expressément au ministère public le droit de requérir du tribunal la nomination d'un administrateur provisoire chargé de gérer les biens des individus non interdits, placés dans les établissements d'aliénés. Ce droit, il ne le possédait donc pas en vertu de l'art. 46 de la loi de 1810. Cependant, nous sommes bien là dans une circonstance intéressant l'ordre public, et l'on pouvait en outre invoquer un puissant argument d'analogie tiré de l'art. 191 du Code Napoléon, qui charge le ministère public de poursuivre l'interdiction des fous furieux dans tous les cas, et des imbéciles et des déments, lorsqu'ils n'ont ni époux, ni parents connus. Mais on fit remarquer dans la discussion que, « en matière exceptionnelle, on ne pouvait conclure d'un cas à un autre et que l'action, conférée par le Code Napoléon ou d'autres lois au ministère public, devait être restreinte aux cas spéciaux pour lesquels elle avait été édictée. » On ne supposait donc pas que le ministère public avait le droit d'agir toutes les fois que l'intérêt de l'ordre public était engagé.

L'art. 37 de la loi du 5 juillet 1844 sur *les brevets d'invention* accorde au ministère public le droit de poursuivre la nullité d'un brevet : 1° lorsque la découverte, invention ou application n'est pas susceptible d'être brevetée ; 2° lorsqu'elle est reconnue contraire à l'ordre ou à la sûreté publique, aux bonnes mœurs, ou aux lois du royaume ; 3° lorsque le titre sous lequel le brevet a été demandé indique frauduleusement un objet autre que le véritable objet de la convention.

Toutes ces circonstances n'intéressent-elles pas au plus haut degré l'ordre public, et ne rentreraient-elles point, par conséquent, dans la disposition finale de l'art. 46 de la loi du 20 avril 1810, si cette disposition avait le sens qu'on lui prête ? Cependant, loin de croire le droit d'action du ministère public déjà établi et incontestable, on le débattit fort vivement ; on voulut même l'écarter d'une manière complète.

A ce propos, le rapporteur de la commission de la Chambre des députés, M. Ph. Dupin, déclarait « que la commission avait vu beaucoup d'inconvénients à ces actions principales accordées au ministère public, et qui n'étaient que très-exceptionnellement dans ses attributions. »

Le rapporteur de la commission de la Chambre des pairs, M. de Barthélémy, n'était pas plus favorablement disposé. « On ne pouvait pas, disait-il, laisser à chacun des procureurs du roi près les divers tribunaux du royaume le soin d'intenter, d'après ses propres idées et la seule impulsion de ses lumières personnelles, de vastes procès. Le simple droit d'intervention, dans une instance déjà engagée, lui déplaisait même, et il lui semblait bien dur d'exposer les parties à supporter tout le coup d'un procès fort agrandi par une intervention de cette nature de la part du ministère public. »

Cela montre bien qu'à cette époque on voyait encore avec défaveur l'action du ministère public, et qu'aux yeux des membres des deux chambres, cette action n'avait pas l'étendue que l'on veut lui attribuer. Les documents législatifs de cette époque, comme ceux que nous avons examinés antérieurement, ne nous permettent donc pas de croire que le législateur ait accordé au ministère public le droit de poursuivre l'exécution dans tous les cas où l'ordre public se trouve intéressé.

Ajoutons que les partisans de l'opinion que nous défendons, ne manquent pas de faire valoir qu'interpréter autrement notre texte, ce serait ne mettre aucune borne à l'action du ministère public, qui saurait toujours faire valoir quelque puissant motif pour intervenir, c'est, dit-on, lui remettre un pouvoir arbitraire dont les conséquences peuvent être funestes aux citoyens, et devenir, dans une certaine mesure, dangereuses à l'ordre public lui-même.

Alors même, ajoute-t-on, que les tribunaux sauraient, en rejetant une demande témérairement introduite, mettre une digue puissante à un zèle mal contenu, il n'en resterait pas moins un trouble profond dans les esprits, des appréhensions fâcheuses, et, il faut le dire aussi, des intérêts lésés; car le principe qui veut que ce soit la partie qui succombe qui soit condamnée aux frais, ne s'applique pas au ministère public. Bien que son adversaire ait succombé, le particulier se trouve entraîné malgré lui à des frais peut-être excessifs.

D'autres considérations nous paraissent avoir un poids non moins sérieux dans la question. Ce qui fait en partie la force du système que nous combattons, c'est la manière dont il nous montre l'ordre public sans cesse menacé par des scandales contre lesquels ses représentants directs se trouveraient impuissants. Cet état précaire de notre législation pourrait, en effet, alarmer les esprits; mais, nous le demandons, n'est-ce pas là agiter un vain fantôme, et ne voit-on pas que, si tel était le vice de nos institutions, depuis l'époque déjà lointaine, où la loi organique que nous avons étudiée a été promulguée, déjà au moins à plusieurs reprises, nous aurions pu constater par quelques exemples frappants la lacune qui resterait à combler ; or, il serait difficile à notre avis de citer de pareils exemples , hormis ceux que nous avons déjà cités et remontant à 1808 , faits qui se sont produits dans des circonstances telles qu'il n'est pas à craindre de les voir se renouveler.

Nous devons ajouter, pour donner à cette remarque tout son poids, que la jurisprudence la plus générale depuis la promulgation de la loi de 1810 a interprété cette loi dans le sens restrictif, à part quelques arrêts récents. Nous croyons devoir rejeter après la seconde partie de notre travail un aperçu plus complet de la jurisprudence, pour en rendre l'intelligence plus facile.

DEUXIÈME PARTIE

Cas dans lesquels le ministère public exerce l'action.

Après avoir posé les principes généraux qui dominent notre matière et recherché dans l'ancien droit les origines du ministère public, il nous reste à entrer dans le domaine de l'application et à voir la mise en œuvre de ces principes.

Les officiers du parquet, nous l'avons vu, exercent leurs attributions de deux manières bien distinctes : tantôt ils se contentent de se porter partie jointe ; tantôt la loi leur donne la faculté de se porter partie principale, et alors, à proprement parler, ils exercent l'action.

Nous aurons donc à examiner, dans une première section, l'action du ministère public comme partie jointe. Cette partie, étant assurément moins importante et ne soulevant pas de difficultés sérieuses, ne nous arrêtera pas longtemps. Nous aborderons ensuite l'action principale du ministère public dans les cas spécifiés par la loi.

PREMIÈRE SECTION

De l'action du ministère public comme partie jointe.

Nous savons que les membres du ministère public peuvent intervenir, dans tous les procès qui s'élèvent devant les tribunaux civils, pour communiquer leur manière de voir sur les différentes questions qui sont soulevées ; mais il est des questions particulièrement graves sur lesquelles le législateur a voulu qu'ils fussent mis à même d'exprimer leur avis : ces questions sont comprises sous le nom de causes communicables. Elles sont, pour la plupart, énumérées par l'art. 83 du Code de procédure ; d'autres articles et d'autres lois prévoient d'autres cas analogues.

Observons que si, devant les tribunaux de première instance et devant les Cours, le ministère public n'est tenu de porter la parole que dans certaines affaires déterminées, et peut, en dehors de ces cas, par son silence, s'en rapporter à la sagesse des juges, il n'en est pas de même devant la Cour de cassation : là, la loi est toujours en cause ; le fonctionnaire, chargé d'en requérir l'application, ne peut garder le silence, et son opinion doit toujours se produire par des conclusions exprimées dans un sens ou dans un autre : L'art. 44 de l'ordonnance portant règlement pour le service de la Cour de cassation est formel à cet égard : « Le ministère public est entendu dans toutes les causes. »

Nous nous occuperons d'abord des causes communicables au ministère public, aux termes de l'art. 83 du Code de procédure. Puis, dans un second chapitre, nous relèverons les autres dispositions du Code ou des lois spéciales aux termes desquelles la communication est exigée.

CHAPITRE I

Des causes communicables au ministère public aux termes de l'art. 83 du Code de procédure civile.

SOMMAIRE. Origine de la communication. — Causes soumises à cette formalité. — La communication est-elle obligatoire dans les matières sommaires? — 1. Causes intéressant l'ordre public. — 2. Domaine. — 3. Communes et établissements publics. — 4. Dons et legs faits aux pauvres. — 5. Etat des personnes. — 6. Tutelle. — 7. Déclinatoires sur incompétence. — 8. Conflits, règlements de juges. — 9. Femmes mariés. — 10. Mineurs. — 11. Absents.

L'origine de la communication au ministère public n'est pas bien connue ; on a pensé que, dans des temps éloignés, les juges royaux ont dû éprouver, à cause de leur ignorance, la nécessité de consulter des gens plus versés qu'eux dans la science des lois. (Voir une notice insérée au journal des avoués, t. V, p. 227.) Cette habitude existait très-anciennement, car une ordonnance de Charles VII, en date de 1408, défend aux sénéchaux et autres juges royaux de consulter les avocats et procureurs du roi dans les causes où ceux-ci tenaient pour le roi ou pour d'autres parties. (Dumoulin, *Ancien style du Parlement*, 3ᵉ partie, p. 187 ; édit de 1558, cité par Dalloz, *Affaires communicables*.) Le même auteur relate qu'un arrêt du Châtelet de 1325 porte que les statuts des mégissiers ne furent homologués qu'après avoir été soumis à l'examen des gens du roi.

On trouve, à partir du XVIᵉ *siècle*, de nombreux arrêts de règlements sur la nécessité de communiquer aux gens du roi. (Arr. du Parlement de Paris, 28 mars 1557, 18 juillet 1648, etc...) Un arrêt du 3 septembre 1667 permet aux membres du parquet de parler quand ils le jugent nécessaire, même dans les causes qui ne sont pas communicables.

L'ordonnance de 1667 énumérait un certain nombre de cas où la communication était nécessaire.

Nous reproduisons un extrait de l'exposé des motifs présenté par M. Treilhard sur cette loi devant le Corps législatif :

« En s'occupant de l'instruction des affaires, on n'a pas dû perdre de vue l'obligation d'en communiquer plusieurs au ministère public, ni la manière dont elles doivent être présentées à l'audience. Toutes les affaires dans lesquelles l'ordre public peut être intéressé seront communiquées. »

Nous devons faire remarquer ici combien il est précieux de voir la manière dont le législateur entend la notion de l'ordre public.

« Il est sensible, ajoute l'orateur, que dans cette

clause doit se trouver tout ce qui touche soit aux établissements publics, soit à l'ordre des juridictions, soit
aux personnes qui ne sont pas en état de se défendre
elles-mêmes.... »

Avant d'entrer dans l'examen des cas que nous
venons d'énumérer, énonçons quelques règles générales.

On s'est demandé si la communication était nécessaire
dans les matières sommaires ? Ce qui a pu faire naître
le doute, c'est que l'art. 405 du Code de procédure
dispose que les matières sommaires seront jugées sans
procédure ni formalités autres que celles prévues par
cet article qui ne parle d'ailleurs pas de communication.
Mais ce silence n'est pas une raison suffisante pour apporter une exception à la généralité de l'art. 83, et il
n'y a pas de motif pour affranchir les matières sommaires de cette formalité. (Broche, *verbo* Communica-
tions au ministère public, n° 88.)

Mais on n'y faisait pas mention du cas des femmes mariées ni des mineurs. La loi des 16-22 août 1790 comble
cette lacune. L'art. 3, t. 18 de cette loi porte : « Les
commissaires du roi seront entendus dans toutes les
causes concernant les pupilles, les mineurs, les interdits,
les femmes mariées, et dans celles où les propriétés ou
les droits, soit de la nation, soit d'une commune, seront
intéressés. Ils seront, en outre, chargés de veiller pour
les absents indéfendus. »

Cette disposition que nous avons déjà rencontrée resta
en vigueur jusqu'au Code de procédure dont l'art. 83
porte :

« Seront communiquées au ministère public les causes
suivantes : 1° Celles concernant l'ordre public, l'Etat,

le domaine, les établissements publics, les dons et legs au profit des pauvres ;

2° Celles qui concernent l'état des personnes et des tutelles ;

3° Les déclinatoires sur incompétence ;

4° Les règlements de juges, les récusations pour parenté ou alliance ;

5° Les prises à partie ;

6° Les causes des femmes mariées, non autorisées par leur mari ou même autorisées, lorsqu'il s'agit de leur dot et qu'elles sont mariées sous le régime dotal ; les causes des mineurs et généralement toutes celles où l'une des parties est défendue par un curateur ;

7° Les causes concernant ou intéressant les personnes présumées absentes.

» Le procureur pourra néanmoins prendre communication de toutes les autres causes dans lesquelles il croira son ministère nécessaire. Le tribunal pourra même l'ordonner d'office. »

En cas de défaut de communication, la partie, dans l'intérêt de laquelle elle était exigée, peut demander la nullité du jugement (Req. 25 avril 1833), et, comme cette nullité est d'ordre public, elle n'est pas couverte par des conclusions au fond.

Le défaut de communication, dans les cas où elle est exigée, est un moyen d'appel quand le jugement est en premier ressort ; mais, s'il s'agit d'un jugement ou d'un arrêt souverain, le défaut de communication ne peut donner lieu à recours en cassation, mais à la requête civile. L'alinéa 8 de l'art. 480 Code Procéd. est formel sur ce point.

Si la communication était exigée pour un motif d'ordre public ou dans l'intérêt des deux parties, il est évident que, dans ce cas, l'appel d'abord et la requête civile ensuite seraient ouverts au profit des deux parties. Il ne suffirait pas que dans ces causes, prévues par l'art. 83, le ministère public ait été présent ; mais il faut qu'il ait conclu et que le jugement fasse mention de cette audition : autrement, le silence sur ce point dans le jugement ferait présumer que la formalité n'a point été remplie (Requête 23 avril 1833).

Le décret du 30 mars 1808, art. 83 à 86, indique les formes et délais dans lesquels la communication doit être faite. Elle doit être faite trois jours avant l'audience par la remise au parquet du dossier de chaque partie. Mais ce délai n'est guère observé dans la pratique, bien que le ministère public puisse empêcher que la communication n'entre en taxe, si elle est faite tardivement.

§ I.

Causes intéressant l'ordre public.

Le premier cas que nous trouvons énuméré dans l'art. 83 est celui où *l'ordre public* se trouve intéressé.

Les développements que nous avons donnés précédemment nous dispensent de revenir sur la notion de l'ordre public et sur la manière dont il faut l'entendre. En général, d'ailleurs, les officiers du parquet concluent dans toutes les affaires où l'intérêt général leur semble plus ou moins engagé, lors même qu'ils ne les

croient pas communicables. Les tribunaux ont d'ailleurs,
dans le dernier paragraphe de l'art. 83, une grande
latitude dont ils peuvent se servir.

Il ne faut pas confondre la poursuite au criminel
intentée par le ministère public, pour obtenir la répression d'une infraction à la loi pénale, avec la demande
formée par une partie en réparation du tort que lui
a causé un délit ; dans ce dernier cas, la cause n'est
pas communicable par elle-même, elle ne le serait qu'autant qu'elle intéresserait les personnes dont parle l'art. 83,
Code procéd. (Rej. 8 août 1837).

C'est ainsi qu'il a été jugé que l'audition du ministère public n'est pas exigée dans les demandes en restitution d'intérêts usuraires (Rej. 9 fév. 1836).

De même, si une contestation s'élevait au sujet d'un
écrit qui serait argué de faux, l'ordre public ne se
trouverait pas intéressé. Ce ne serait qu'autant que le
caractère de faux se montrerait que l'action publique
serait mise en mouvement, mais alors devant la juridiction répressive.

<h2 style="text-align:center">§ II.</h2>

<h3 style="text-align:center">Domaine.</h3>

Nous savons que, dans l'ancien droit, les officiers du
parquet, les gens du roi, tels qu'ils étaient appelés,
avaient la représentation directe des intérêts de la couronne et des biens de l'Etat ; c'était en leur personne
que l'Etat était assigné, c'était aussi eux-mêmes qui
agissaient par voie principale auprès des tribunaux,
qu'ils saisissaient directement des causes où le domaine

public se trouvait intéressé (1). Les lois nouvelles ont en cette matière beaucoup restreint les fonctions du ministère public.

Il n'agit plus comme partie principale, car c'est contre ou par le préfet que l'action est formée. Le ministère public n'est plus que partie jointe, et il conserve son indépendance à l'encontre de l'une ou de l'autre partie.

Cependant nous devons noter ici une particularité qui complique quelque peu la matière.

Aux termes de l'arrêté du X thermidor an IV, le préfet peut charger le ministère public de défendre les intérêts de l'Etat en matière domainiale : c'est une faculté que la loi lui accorde; mais, quand il en fait usage, le ministère public, dans l'instance, n'agit pas en vertu d'un pouvoir propre; il n'est que le mandataire, l'avoué en quelque sorte du préfet, qui reste en cause personnellement et qui demeure au procès. (M. Debacq, *op. cit.*, p. 379).

Dans ce cas, le membre du parquet, qui est chargé de cette mission, lit les mémoires du préfet à l'audience ; mais, après avoir rempli ce rôle, il reprend celui de partie jointe et est libre ensuite de conclure selon son opinion.

Si donc il s'agit d'une cause communicable à raison de la qualité de l'autre partie, celle-ci ne pourra se

(1) « Le ministère public était le surveillant de l'administration du domaine et le contradicteur nécessaire de quiconque élevait une prétention contre le domaine. Il pouvait requérir à cet égard tout ce qu'il croyait juste et utile, et il devait rendre plainte des prévarications des officiers et administrateurs, dénoncer les abus, proposer des réglements nouveaux (Merlin, *verbo* Ministère public).

prévaloir du fait de la représentation de l'autorité administrative par le procureur, pour se plaindre de n'avoir
pas été suffisamment protégée, puisque le ministère
public est resté libre de conclure dans le sens qui
lui a paru le plus conforme aux lois.

La chose avait paru faire doute, et la Cour de cassation (Req. 8 nov. 1843) n'hésita pas à décider dans
le sens que nous proposons.

Nous signalerons ici un cas analogue où le ministère
public, tout en conservant le droit de conclure comme
il l'entend, est chargé par les proviseurs de lycées de
faire rentrer les sommes dues à leurs établissements
par les parents ou tuteurs des élèves qui leur ont été
confiés.

Dans ce cas, le ministère public n'est pas partie
principale, mais se trouve investi de fonctions semblables à celles que nous venons de rencontrer en
matière de domaine.

(Décret du 1er juillet 1809, art. 11; ord. du 12
mars 1817, art. 16, et circul. du 20 avril de la même
année.)

§ III.

Communes et établissements publics.

En cette matière, le rôle du ministère public ne
présente rien d'anormal.

Quant aux établissements publics dont il est fait mention
ici, ce sont : les fabriques, consistoires, etc., lycées,
écoles, bibliothèques publiques, musées, etc., les
hôpitaux, bureaux de bienfaisance, monts-de-piété, les
prisons, les casernes, etc....

C'est sur les conclusions du ministère public que les hospices sont envoyés en possession des biens d'un enfant admis dans ces établissements. (Voir la loi du 15 pluviôse an XIII, art. 8.)

§ IV.

Dons et legs au profit des pauvres.

Notons sur ce sujet, que dans les causes concernant les dons et legs au profit des pauvres, pour que les conclusions du ministère public soient nécessaires aux termes de notre art. 835, il faut que les pauvres soient parties directement, puisque, dans le cas contraire, le jugement ne peut leur être opposé (1). Ainsi n'est pas sujette à communication une cause concernant la validité d'un testament, qui contient un legs fait aux pauvres, si la contestation n'existe qu'entre un légataire universel et un héritier naturel, lors même que le légataire aurait conclu à la délivrance du legs particulier fait aux pauvres, « attendu, dit un arrêt du 28 brumaire an XIV, que sur le moyen de l'inaudition du ministère public, que l'arrêt attaqué n'est rendu ni avec les pauvres, ni avec les absents indéfendus, etc... rejette. »

(Merlin, Répertoire, *verbo* Ministère public.)

(1) Conf. MM. Schenk, p. 348; Carré, 255; Ortolan et Ledeau, t. I, p. 283.

§ V.

Etat des personnes.

Les questions, concernant l'état et la capacité, étaient trop intimement liées avec l'ordre public pour que le législateur ne les soumît pas à l'exigence de là communication, et ce sont celles parmi les causes communiquées qui se présentent le plus fréquemment.

A ce titre, les tribunaux auront souvent à s'occuper des causes concernant les étrangers, leur état et leur capacité étant souvent mis en question. Ces questions soulèvent les problèmes les plus importants du droit internationnal privé. Seront surtout communicables, en ces matières, les demandes en rectification d'un acte de l'état civil, les demandes en désaveu d'enfant ou en contestation d'état, les instances en adoption : matières sur lesquelles l'examen de l'action principale nous forcera de revenir d'une manière approfondie.

§ VI.

Tutelle.

Le ministère public doit, en matière de tutelle, se porter partie jointe, quand un mineur se trouve partie dans un procès. C'est ainsi que toutes les fois qu'une décision du conseil de famille se trouve soumise à l'homologation, il doit être entendu : par exemple, s'il s'agit d'aliéner ou d'hypothéquer les biens du mineur. De même dans les instances relatives à la nomination des tuteurs, à leurs excuses, à leur exclusion ou leur destitution, à leur reddition des comptes de tutelle, à l'émancipation des mineurs, à la désignation de jurisconsultes dont l'avis est requis dans le cas de l'art. 467. Tels sont les devoirs du ministère public. Aucun autre texte ne faisant mention de son intervention, il ne pourrait requérir la nullité d'une délibération du conseil de famille, provoquer sa convocation, ni appeler d'un jugement accordant l'homologation d'une délibération. Ce serait d'ailleurs là introduire l'instance.

§ VII.

Déclinatoires pour cause d'incompétence.

Sous la loi du 24 août 1790, les questions de compétence n'étaient pas au nombre de celles sur lesquelles la loi exigeait que le ministère public fût entendu; l'art. 83 que nous étudions range ce cas au nombre des causes communicables.

Nous croyons qu'il n'y a pas lieu de distinguer la nature de l'incompétence qui peut être invoquée ; notre article, en effet, ne distingue pas; de plus, s'il est vrai que l'incompétence *ratione materiæ* est intimement liée à l'ordre public, l'incompétence *ratione personæ* ne lui est pas absolument étrangère, et l'on fait remarquer à ce propos que le projet soumis au tribunat ne déclarait communicables que les déclinatoires sur l'incompétence à raison de la matière; mais le tribunat pensait que les déclinatoires sur l'incompétence à raison des personnes, devait y être également compris ; cette espèce de déclinatoire tenait aussi à l'ordre public (Locré, t. XXI, p. 408). La suppression des mots : *à raison de la matière*, opérée à la suite de cette observation, démontre bien que la disposition de l'art. 83 sur les déclinatoires doit être entendue dans un sens général.

Ce que nous avons dit du déclinatoire sur incompétence, s'applique également au cas de déclinatoire, fondé sur la litispendance ou la connexité. L'exception qui aurait été ainsi soulevée par les parties intéressant le bon ordre et la justice, il convient en effet d'éviter la pluralité et la contrariété des jugements.

§ VIII.

Conflits, règlements de juges.

L'art. 83 du Code de procédure mentionne dans son paragraphe 4 : *Les règlements de juges, les récusations et renvois pour parenté et alliances*, et dans son paragraphe 5, *les prises à partie*.

Ces matières, en effet, mettent l'ordre public en question ; il importe que le ministère public donne son avis, soit sur *les règlements de juges* qui sont en effet de véritables déclinatoires, qui ne diffèrent des précédents que par les causes à raison desquelles on peut les proposer ; soit sur les récusations, soit sur les prises à partie, qui sont la suite d'une accusation portée contre le juge ; il importe à la dignité de la magistrature et au bien de l'administration de la justice, que ces accusations ne soient admises, qu'autant que les causes sont graves et prévues par la loi.

§ IX.

Femmes mariées.

Ce n'est qu'au cas où les femmes mariées agiraient sans être autorisées de leurs maris, ou lorsqu'autorisées et mariées sous le régime dotal, il s'agirait de leur dot, que les causes qui les concernent sont communicables. Il n'en était pas de même sous la loi de 1790, où on ne faisait aucune distinction : le ministère public devait être entendu même lorsque la femme procédait avec l'assistance et l'autorisation de son mari, ou qu'elle était marchande publique. C'est avec raison que cette législation a été modifiée ; en effet, la femme mariée, autorisée de son mari, est capable de tous les actes de la vie civile, et n'a pas besoin de la protection du ministère public.

Peu importe que le mari fût absent ou refusât son autorisation ; dans ce cas, le président ordonne que la requête de la femme ou du demandeur soit communiquée au ministère public, et commet un juge pour faire son rapport au jour indiqué.

§ X.

Mineurs.

Nous ajouterons qu'on s'accorde à appliquer aux interdits la disposition de l'art. 83 relative aux mineurs, bien que cet article soit muet à cet égard. On observe que la loi les place sur la même ligne (Code civ., art. 509) ; ensuite les raisons qui ont motivé l'intervention du ministère public, dans les causes intéressant les mineurs, ont la même force à l'égard des interdits.

Le paragraphe 6 de notre article ajoute : « les causes défendues par un curateur. »

Il s'agit ici des causes intéressant les mineurs émancipés, pour ce qui ne concerne pas l'administration de leurs biens, celles relatives à une succession vacante, celles défendues par les curateurs au ventre (Code civil, art. 353) ; enfin, celles d'un condamné à une peine afflictive et infamante.

MM. Ortolan et Ledeau, t. 1. p. 238, remarquent qu'il est généralement d'usage que le ministère public prenne communication des causes concernant les successions bénéficiaires. Mais nous ne croyons pas, qu'en l'absence d'audition du ministère public, on puisse fonder de ce chef une cause de nullité. Il faudrait, en effet, un texte spécial pour soutenir cette exigence. Or, l'art. 806 du Code civil ne semble exiger la communication des demandes formées par l'héritier bénéficiaire, que dans le cas où il a besoin d'être autorisé à vendre les meubles de la succession (986-987 Code procéd.) Nous citerons dans ce sens un arrêt de la Cour d'Orléans du 16 août 1809.

Nous donnerons la même solution, en ce qui concerne les commissaires des créanciers en état d'union (Req. 29 mai 1836). Le texte se trouve encore muet quand il s'agit des individus pourvus d'un conseil judiciaire, et cependant, les raisons d'analogie avec les mineurs, etc..., ne manquent pas, aussi l'hésitation des auteurs est-elle grande. (Ortolan et Ledeau, t. 1. p.

215. — Carré, 2-405.) Nous ne pouvons que donner la même solution que précédemment ; mais, comme l'indique M. Chauveau, le ministère public devrait user de la faculté que lui accorde le dernier paragraphe de l'art. 83 , et demander la communication pour éviter les contestations ultérieures.

§ XI.

Absents.

L'art. 114 porte que le ministère public est spécialement chargé de veiller aux intérêts des personnes absentes, et qu'il sera entendu sur toutes les demandes qui les concernent. La mission des membres du parquet est large, et comprend même le droit d'action principale. Il n'est pas nécessaire d'attendre que la déclaration d'absence soit prononcée, il suffit que la personne soit présumée absente. Mais nous ne pourrions étendre l'art. 114 aux non présents. Les travaux préparatoires l'expliquent fort nettement. La loi a pris soin, en quelques cas déterminés, d'édicter certaines mesures qui doivent être prises par le ministère public dans l'intérêt des non présents. Les procureurs sont notamment chargés de faire apposer les scellés sur les objets dépendant de successions qui intéressent une personne éloignée de son domicile ; ils peuvent également recevoir les assignations faites à ces personnes.

D'ailleurs si, dans une cause où le défendeur fait défaut, le ministère public a lieu de soupçonner l'absence du défaillant, il peut demander l'ajournement, prendre ensuite les renseignements nécessaires, et, si ses soupçons se confirment, faire déclarer la présomption d'absence et agir conformément à l'art. 114.

Nous reviendrons d'ailleurs sur cette importante matière, en traitant de l'action principale.

CHAPITRE II

Des causes communicables au ministère public, aux termes de différents articles du Code civil et du Code de procédure.

SOMMAIRE. 1. Adoption. — 2. Puissance paternelle. — 3. Jugements. — 4. Distribution par contribution. — 5. Faux incident civil. — 6. Ordre.

§ I.

Adoption.

Nous croyons devoir rattacher beaucoup plutôt à l'action jointe qu'à l'action principale les dispositions relatives à l'adoption dans lesquelles le Code civil donne un rôle au ministère public. Et d'abord, l'art. 354 prescrit à la partie la plus diligente de donner au procureur près le tribunal de première instance, dans le ressort duquel se trouvera le domicile de l'adoptant, copie de l'acte d'adoption qui aura dû être dressé devant le juge de paix.

De plus le ministère public a mission de rechercher si toutes les conditions ont été remplies par les parties ; il s'enquiert des motifs de l'adoption ; il reçoit des héritiers de l'adoptant, en cas de décès de celui-ci, tous mémoires tendant à faire rejeter l'adoption (Code civ. 360) ; il donne ses conclusions à l'audience, et si le tribunal a jugé à propos d'homologuer l'acte d'adoption, le procureur veille à ce qu'il soit inscrit sur les registres des actes de l'état civil (Code civ. 49).

§ II.

Puissance paternelle.

Les fonctions du ministère public se bornent en cette matière, dans le cas où l'enfant peut être emprisonné par voie de réquisition, c'est-à-dire dans les cas prévus par les art. 377, 380, 381, 382 et 460 du Code civil, à conférer avec le président sur la demande en détention, ou à recevoir les réclamations de l'enfant détenu.

§ III.

Jugements, exploits et signification d'actes.

Nous mentionnons, en passant, la mission qu'a le ministère public de faire observer les formalités prescrites pour assurer l'authenticité des jugements (Code proc. 140) ; celle que lui confère l'art. 69, 8° du même Code, de recevoir les exploits et assignations pour ceux qui n'ont aucun domicile ni résidence connus en France.

§ IV.

Distribution par contribution.

Le ministère public intervient dans les cas prévus par les art. 666 et 668 du Code de procédure. Aux termes de ces articles, s'il s'élève des difficultés au sujet de la contribution, le juge commissaire les renverra à l'audience où elles seront résolues sur les conclusions du ministère public. Celui-ci doit de plus veiller à ce que les officiers chargés de procéder à des ventes de meubles volontaires, ou par autorité de justice ne conservent pas entre leurs mains le produit des ventes sur lesquelles il existe des saisies ou des oppositions, mais en fassent le dépôt conformément aux art. 637 Code procéd. et suivants.

§ V.

Faux incident civil.

Il résulte de la combinaison des art. 83 et 251 du Code de procédure, que tout jugement d'instruction ou définitif en matière de faux, ne peut être rendu que sur les conclusions du ministère public. Il doit être présent au procès-verbal de l'examen des pièces arguées de faux, et il doit signer le procès-verbal et les pièces.

Il doit aussi, en cas de transaction entre les parties sur la poursuite du faux incident civil, prendre des mesures et faire les réquisitions nécessaires pour empêcher la disparition des traces du crime (art. 249 Code procédure civile).

§ VI.

Ordre.

En matière d'ordre, le ministère public donne ses conclusions sur les difficultés qui s'élèvent sur l'état de collocation dressé par le juge commissaire (art. 962 Code procéd.).

Il doit veiller à ce que les officiers ministériels rédigent l'acte de produit prescrit par l'art. 752, et à ce que le procès-verbal d'ordre fasse mention de chaque acte de produit, mention nécessaire pour la perception des droits d'enregistrement et de greffe (Inst. min. du 1er juin 1819).

SECTION SECONDE

De l'action du ministère public comme partie principale.

Nous abordons l'étude de l'action du ministère public agissant comme partie principale dans les cas spécifiés par le Code civil et par les lois postérieures. Nous avons, on se le rappelle, interprété l'art. 46 de la loi du 20 avril 1810, dans un sens restrictif, et nous avons repoussé l'opinion qui reconnaît un droit d'action au parquet dans tous les cas intéressant l'ordre public.

Nous avons examiné, dans quelques lignes consacrées aux matières domaniales, les hypothèses particulières où le ministère public introduit l'action, non pas *proprio motu*, mais à la requête de certaines parties qui auraient pu introduire l'action elle-même directement. Nous devons écarter également d'autres hypothèses qui n'entrent pas directement dans notre chapitre ; ce sont celles où l'action soulevée par les parties intéressées est de telle nature qu'elle ne peut être directement portée devant les tribunaux, sans l'intermédiaire du ministère public.

Parmi ces cas, nous citerons : 1º l'art. 200 du Code civil : l'action dirigée contre les héritiers d'un officier de l'état civil coupable de fraude, doit être intentée par le ministère public ; 2º L'ordonnance du 1er juin 1828 en matière de conflits ; 3º L'art. 11 de la loi du 3 mai 1841 en matière d'expropriation ; 4º Le décret du 30 décembre 1809 sur l'administration des fabriques paroissiales.

Nous consacrerons un chapitre spécial à ces cas déterminés. Nous étudierons au préalable les cas où le ministère public introduit l'action principale proprement dite. Enfin, dans un troisième chapitre, nous examinerons brièvement la théorie des pourvois dans l'intérêt de la loi et des annulations pour excès de pouvoir.

CHAPITRE I

De l'action principale du ministère public dans les cas spécifiés par la loi.

SOMMAIRE. 1. Du droit d'action du ministère public en matière d'absence. — 2. Etat civil. — 3. Interdiction et aliénés. — 4. Mariage. — 5. Séparation de corps et adultère. — 6. Nationalité. — 7. Hypothèques. — 8. Successions et substitutions. — 9. Brevets d'invention.

§ I.

Du droit d'action du ministère public en matière d'absence.

L'art. 114 du Code civil porte que le ministère public est spécialement chargé de veiller aux intérêts des personnes présumées absentes, et ajoute « qu'il sera entendu sur toutes les demandes qui les concernent. »

Cette deuxième disposition ne pouvant être considérée comme une répétition de la première, on en conclut que celle-ci accorde au ministère public la voie d'action, tandis que l'autre le charge de requérir.

Et si l'on oppose que le mineur est moins bien traité que l'absent, nous ferons observer que l'absent n'a pas, comme le mineur ou la femme mariée, un protecteur spécialement chargé de le défendre.

Au reste, le droit d'action du ministère public résulte virtuellement des art. 116, 120 et 123 du Code civil, qui chargent le ministère public de contredire à l'enquête, de discuter les cautions et de faire ouvrir le testament.

(Voyez en ce sens Toullier, t. I, p. 183; Carré, t. I. p. 237; Ortolan et Ledeau, t. I, p. 135; Massabiau, t. I, n° 542; Cassat. 8 août 1812; Palais, vol. X, p. 281; Metz, 16 mars 1823; Palais, 17, p. 971. — En sens contraire, Valette, *Cours de Code civil*, t. I, p. 152; Demante, t. I, p. 215.)

Nous n'irons cependant pas jusqu'à admettre avec Toullier, pour le procureur, le droit « de former lui-même les demandes qu'il juge convenables dans l'intérêt de l'absent : c'est aussi l'opinion de MM. Proudhon et Delvincourt. Nous croyons qu'il s'agit seulement de contredire aux demandes injustement formées contre l'absent et aux atteintes qui seraient apportées à ses droits. D'ailleurs, on s'accorde pour reconnaître aux tribunaux le droit de nommer un curateur aux biens du présumé absent (1).

Le rôle protecteur du ministère public semble borné à la première période de l'absence : la présomption d'absence. On a pensé qu'ensuite la constitution de défenseurs légaux rend superflu ce mode de protection spéciale; mais si c'est là l'unique motif qui a fait apposer cette limite, comme nous le pensons, l'esprit de la loi commande de le dépasser lorsque ce motif cesse. Or, c'est ce qui arrive toutes les fois que les intérêts de l'absent déclaré, se trouvant en opposition avec

---

(1) Locré résume en quelques mots la discussion au sein du Conseil d'Etat des dispositions touchant les absents : « L'esprit de la loi est de laisser une latitude indéfinie aux tribunaux sur le choix des mesures à prendre. En conséquence, elle ne leur a ordonné ni défendu de donner des curateurs aux présumés absents, elle se contente de les renvoyer à la règle générale qui les oblige de consulter les circonstances.... »

ceux de ses défenseurs légaux, ont besoin d'être protégés contre ceux-ci. Les articles 123 et 126 ne sont que des applications de cette idée. Il en serait de même au cas où l'absent, ayant laissé un procureur fondé aux termes de l'art. 121, le mandat de celui-ci étant limité dans certains termes, il y aurait lieu de croire que les intérêts de l'absent seraient insuffisamment protégés.

Après la première période de l'absence dont nous venons de nous occuper, vient celle de la déclaration : Le tribunal, avant de déclarer l'absence, ordonne une enquête (art. 116 Code civil), et cette enquête est faite contradictoirement avec le ministère public.

Une question pourrait s'élever pour savoir quel est le tribunal compétent, et par conséquent quel parquet doit s'occuper de l'affaire. Bornons-nous à indiquer la solution généralement admise : on considère, en effet, que le tribunal le plus apte à être bien informé des circonstances est celui du dernier domicile : c'est là, en effet, où on aura le plus facilement des renseignements sur l'individu disparu.

Ce qui n'empêche pas de reconnaître, au tribunal du lieu de situation des biens, différent du tribunal du dernier domicile, le droit de faire ordonner, si la nécessité s'en faisait sentir, les mesures indispensables à la conservation des biens situés dans son ressort.

L'art. 123 donne au procureur près le tribunal le droit de requérir l'ouverture du testament; « mais, y est-il dit, après que les héritiers présomptifs auront obtenu l'envoi en possession provisoire. »

Faut-il prendre ces termes de l'art. 123 à la lettre

et dire alors qu'il suffira de la négligence ou de la mauvaise volonté des héritiers présomptifs pour paralyser indéfiniment le droit d'autrui; ou bien, peut-on reconnaître aux autres parties intéressées ou au ministère public le droit d'agir malgré leur abstention ?

La question a soulevé d'assez vives controverses. D'une part, de savants auteurs, entre autres MM. Marcadé et Mourlon, font observer d'abord que l'art. 123 est formel, ensuite qu'il a été rédigé en connaissance de cause, puisqu'une rédaction, en sens inverse, a été repoussée lors de la confection de la loi, malgré les représentations du tribunat. On voulait, dit-on, éviter les inconvénients qui auraient pu se produire en cas de retour de l'absent.

Toutefois, la grande majorité des auteurs et la jurisprudence, à laquelle nous nous rallions, rejettent cette doctrine. En effet, si on avait craint, comme il est dit, les effets fâcheux du retour de l'absent après que son testament a été ouvert, on n'aurait autorisé cette ouverture que lors de l'envoi en possession définitive. Quand le Code parle de l'obtention de l'envoi en possession provisoire, c'est qu'il ne suppose pas une mauvaise volonté systématique de la part des héritiers présomptifs. Si ceux-ci ont de bonnes raisons à faire valoir, il sera loisible aux tribunaux d'en tenir compte. Tout se concilie si l'on conclut seulement des termes de la loi que l'action n'appartient aux autres intéressés et au ministère public, qu'après la mise en demeure des héritiers présomptifs. Telle est, en effet, pour le cas particulier qu'elle régit, la règle établie par la loi du 13 janvier 1817, art. 11, dont la disposition doit évidemment être généralisée pour l'interprétation de notre art. 123 (Demante, t. I, p. 226). Cet article porte : « Si les héritiers présomptifs ou l'époux négligent d'user du bénéfice de la présente loi, les créanciers et autres personnes intéressées pourront, un mois après l'interpellation qu'ils seront obligés de signifier, se pourvoir eux-mêmes en déclaration d'absence ou de décès. »

A côté de l'intérêt des légataires, il y a encore l'intérêt de l'absent lui-même, mais dans un autre sens que celui qu'on invoquait tout à l'heure. Celui-ci est, en effet, intéressé à ce que les légataires soient mis en possession des biens qu'il leur laisse par son testament. Il a intérêt à ce que son patrimoine soit remis aux mains de ceux qu'il a jugés les plus dignes de le posséder ; ceux-ci, ayant l'espoir d'en devenir un jour propriétaires, ne le laisseront pas dépérir.

Nous admettrons donc, qu'après avoir mis les héritiers présomptifs en demeure, le ministère public serait autorisé à faire nommer par le tribunal un administrateur spécial, contre lequel il demanderait l'ouverture du testament et la délivrance des legs.

Nous citerons, en ce sens, un arrêt de la Cour de Bordeaux, du 21 juin 1838 ; un autre de la Cour d'Orléans (1), du 25 juin 1835 (Palais XXVII, p. 373), et un arrêt de la Cour de cassation, du 18 mars 1829. (En ce sens, Dalloz, *verbo* Absent, n°s 239-247 et suiv. id. MM. Demolombe, Valette et Demante.)

L'art. 126 confère au ministère public la mission d'assister à l'inventaire du mobilier et des titres de

____
(1) Dalloz, *verbo* Absent. 248.

l'absent après l'envoi provisoire, de discuter les cautions (art. 123). Le Code est silencieux sur la demande d'envoi en possession définitive ; on en conclut que, dès lors, son intervention n'est pas recevable. Citons une loi postérieure au Code civil et ayant trait à notre matière.

Une loi du 9 août 1871 porte l'article suivant : Art. unique : « Les dispositions de la loi du 13 janvier 1817 sont remises en vigueur pour constater judiciairement le sort des Français ayant appartenu aux armées de terre ou de mer, à la garde nationale mobile ou mobilisée, à un corps reconnu par le ministère de la guerre, qui ont disparu depuis le 19 juillet 1870 jusqu'au traité de paix du 31 mai 1871. Les mêmes dispositions pourront être appliquées par les tribunaux à tous autres Français qui auraient disparu pendant le même temps, par suite de faits de guerre. »

La loi du 13 janvier 1817, dont il est ici question, ainsi que l'ordonnance du 3 juillet 1816 facilitaient la déclaration d'absence des militaires et marins disparus de 1792 à 1816 : l'absence pouvait être déclarée au bout d'un temps moins long. Nous renvoyons au texte de cette loi pour le rôle du ministère public qui ne soulève pas de difficultés et qui est analogue à celui que nous venons d'étudier.

§ II.

Du droit d'action du ministère public en matière d'actes de l'état civil.

Il s'agit des hypothèses suivantes : Les registres de l'état civil n'ont pas été tenus, ou, ce qui revient au

même, les actes ont été omis ; enfin, les actes ont été
mal dressés, et des rectifications sont nécessaires.

En pareils cas, l'avis du Conseil d'Etat du 12 brumaire
an XI, auquel on avait demandé le moyen de remédier à
cet état de chose, répond dans son art. 1er : « Que, dans
ce cas (en cas d'omission), de même que dans le cas de
rectification, il n'est pas permis à l'officier de l'état civil
de recevoir sans formalité des déclarations tardives et de
leur donner de l'authenticité, autrement on pourrait introduire des étrangers dans les familles, et cette faculté
serait la source des plus grands désordres ; les actes omis
ne peuvent être inscrits qu'après jugements rendus en
grande connaissance de cause, contradictoirement avec
les parties intéressées ou celles appelées, et sur les conclusions du ministère public. »

Un avis du 13 nivôse an X avait déjà répondu sur la
question de rectification, et avait eu à appliquer les
mêmes principes.

On s'était aussi demandé s'il ne conviendrait pas que
les commissaires du gouvernement, près les tribunaux,
intervinssent d'office pour requérir les jugements, pour
éviter les frais aux parties.

Il importe de dire qu'après la Révolution, le plus
grand désordre existait dans la tenue des registres qui
avait été confiée aux officiers municipaux. Dans beaucoup
de communes, surtout dans les départements du midi et
de l'ouest, les registres n'étaient pas tenus du tout ; ou
bien, la plus grande partie des actes inscrits ne conte-
naient pas les énonciations requises par la loi.

Pour parer à un pareil état de choses, la Convention
décréta, le 2 floréal an III (21 avril 1795), que trois

commissaires choisis dans chaque commune par le corps
municipal, seraient chargés de confectionner les listes de
décès, de mariage et de naissance, dans l'ordre chronologique. Pour ce, pendant deux mois, tous les citoyens
étaient admis à examiner ces listes et à faire toutes les
réclamations et observations tendant à leur rectification.
Si aucune réclamation n'était faite, la liste était définitivement arrêtée; si, au contraire, il s'en présentait,
elles étaient renvoyées au tribunal du district qui prononçait à la diligence du commissaire national, après
avoir entendu les parties intéressées.

On comprend ce qu'un pareil système avait de défectueux, et on ne tarda pas à en découvrir tous les inconvénients. Le Conseil d'Etat, dans un avis du 13 nivôse
an X, ne manqua pas de blâmer cette procédure en
affirmant le principe assurément plus protecteur, à
savoir que la rectification des registres ne pouvait être
obtenue, que par le résultat d'un jugement provoqué par
les parties intéressées à demander ou à contredire la rectification; et un autre avis, celui du 12 brumaire an XI,
répondait en ces termes à la question de l'action d'office
en rectification :

« Sur la seconde question, il est plus convenable de
laisser aux parties, intéressées à faire réparer l'omission
des actes de l'état civil, le soin de provoquer les jugements, sauf le droit qu'ont incontestablement les commissaires du gouvernement d'agir d'office *en cette
matière*, dans les circonstances qui intéressent l'ordre
public. »

On le voit, des abus s'étaient glissés par suite
de lois provisoires qui paraient au plus prochain

danger ; mais le Conseil d'Etat voulut y mettre fin. Il n'a jamais entendu défendre au ministère public, de poursuivre judiciairement la rectification des actes irréguliers, lorsque ces irrégularités portaient atteinte à l'ordre public ; il a refusé d'étendre le droit que le décret de floréal an III mettait aux mains des autorités administratives, de procéder d'elles-mêmes sans contrôle à la réformation des actes incomplets ou irréguliers. « Il faut, a-t-il dit en terminant, laisser opérer la rectification par les tribunaux. »

Bien que ce soit là, au moins à notre avis, le sens qui découle naturellement de ces différents documents, nous devons dire que, pendant longtemps, on y vit, au contraire, une prohibition absolue pour le ministère public d'agir, lors même que l'ordre public y aurait été intéressé. Cette thèse a été soutenue et a triomphé pendant une longue période de temps dans la jurisprudence. Elle fut soutenue par Merlin (Rep. *Etat civil*, § 4 ; — Carré et Fouchert, t. II, n° 115-114 ; Delvincourt t. I. 332. Enfin, on peut consulter dans le même sens les arrêts de Douai, 1860 ; — J. P. 70-799 ; — Amiens, 11 décembre 1860 ; — Sir. 61-2-39 ; — Arrêt de rejet, 21 novembre 1860 ; — et 19 décembre 1860 ; — J. P. 60-1170).

On a fait observer que des lois postérieures étaient venues concéder au ministère public l'action dans des cas, où l'ordre public était évidemment intéressé ; c'est par conséquent, dit-on, une preuve que ce pouvoir ne lui appartenait pas en vertu des lois antérieures.

On a cité, en ce sens, la loi du 25 mars 1817

art. 75. Cette loi est ainsi conçue : « Seront visés pour timbre et enregistrés gratis les actes de procédure et jugement, à la requête du ministère public ayant pour objet : 1° de réparer les omissions et faire les rectifications d'actes qui intéressent les individus notoirement indigents ; 2° de remplacer les registres de l'état civil perdus ou incendiés pendant les événements de la guerre et de suppléer aux registres qui n'auraient pas été tenus. »

Nous ferons d'abord observer au sujet de ce texte que la disposition qu'il contient a une portée purement fiscale ; cette loi est une loi de finance, et si elle parle du ministère public, c'est plutôt pour consacrer un état de chose existant que pour introduire une innovation.

On ne peut pas plus tirer un argument *a contrario* de cette loi, que de la loi du 10 décembre 1850, art. 3, sur le mariage des indigents, car si ces lois ont cru devoir reconnaître formellement au ministère public le droit de se porter partie principale, et de suivre d'office une instance en rectification, on peut dire que les dispositions spéciales n'ont eu d'autre résultat que d'exempter le ministère public de l'obligation, qui, en tout autre cas, lui est imposée, de justifier que son action est fondée en réalité sur un intérêt d'ordre public.

Ajoutons que ce genre de raisonnement ne saurait non plus être invoqué à propos de la loi du 28 mai 1858, sur les usurpations *de titres ou de fonctions* (art. 259 Code pénal).

Il y a pour cela une bonne raison : c'est qu'il

s'agit ici d'une loi pénale, où l'action du ministère public est nécessairement consacrée. Mais nous entendons tirer un argument péremptoire de ce texte pour notre thèse. Cette loi, en effet, a voulu deux choses : 1° punir l'usurpateur de titres, 2° rétablir les actes de l'état civil. Or, si l'on suppose le coupable décédé, le parquet devra-t-il se trouver désarmé devant les descendants qui se trouveront jouir des titres usurpés ?

La loi n'a certainement pas entendu consacrer un pareil résultat. Nous trouvons, en effet, ces mots dans les travaux préparatoires : « Il ne faut pas croire, dit l'exposé des motifs, que le droit de quiconque n'aura été poursuivi ni condamné, sera par cela même reconnu. Posséder légalement un titre et n'être pas coupable d'usurpation, sont des choses distinctes, que ni la loi ni la raison ne doivent confondre. C'est par des dispositions d'un ordre différent, étrangères à la législation pénale, que seraient établies au besoin les règles relatives au moyen de faire reconnaître les titres. » Le droit pour le ministère public d'agir en pareil cas au civil est donc bien fondé.

Cette thèse fut brillamment développée par le procureur général Dupin, à l'audience de la chambre civile de la Cour de cassation du 22 janvier 1862 et adoptée avec des considérants remarquables, et sur un rapport très-développé de M. le conseiller Laborie. (Affaire Dartant et Terrier de la Chaise, Dalloz, 62-1-5.)

Pour revenir à l'avis du Conseil d'Etat de brumaire an XI, disons que l'erreur de nos adversaires consiste en ce qu'ils ont cru que ce texte et ceux que nous avons cités confondaient dans une même réprobation, et les mesures administratives prises par la convention, et le mode de rectification normale sur la requête des parties intéressées et du ministère public, alors que seul le premier mode, qui était véritablement défectueux, était prohibé.

C'est dans ce sens que s'est prononcée la Cour de cassation, dans l'arrêt que nous venons de rapporter plus haut, et aussi dans l'affaire Loustau du 24 novembre 1862 (J. P. 1863. 259), et la généralité de la jurisprudence s'est rangée à l'avis de la Cour suprême.

Nous citerons les arrêts de Metz, juillet 1860 ; — d'Orléans, 29 décembre 1860 ; — de Paris, 22 février 1862 ; — d'Agen, 23 avril 1861 (J. P. 61-781) ; — Nîmes, 6 mai 1861. (Dalloz, P. 1862-2-17) ; — Rouen, 18 mars 1861, D. 62-2-18 ; — Orléans, 1er août 1863, D. 64-2-15. — Arrêt de rejet de la Ch. civile du 25 mars 1867. (D. 67-1-300) ; — Paris, 3 juin 1867. D. 67-11-98.

Nous pourrions rattacher aux différentes hypothèses que nous avons examinées, à propos de la rectification des actes de l'état civil, les lois du 17 juillet 1871, du 6 janvier 1872, du 5 juin 1875, relatives à l'état civil du département de la Seine ; de même encore le cas prévu par l'art. 19, titre III du décret du 3 janvier 1813 : ce texte prévoit le cas où des ouvriers sont morts dans un accident survenu, sans qu'il soit possible de reconnaître leur cadavre. « Lorsqu'il y aura impossibilité de parvenir jusqu'au corps des ouvriers, qui auront péri dans les travaux, les exploitants, directeur, etc., devront faire constater cette circonstance par le maire ou autre officier public, qui en dressera procès-verbal et le transmettra au procureur impérial, à la diligence duquel cet acte sera annexé aux registres de l'état civil. »

Ce sont là, on le voit, des dispositions tout à fait particulières, sur lesquelles il est inutile de s'étendre plus longuement.

§ III.

Interdiction et aliénés.

L'art. 489 du Code civil contient une disposition aux termes de laquelle il résulte :

1° Que le ministère public a le devoir de provoquer l'interdiction d'un individu en état de fureur;

2° Qu'il a la faculté d'agir de même, au cas où l'individu est seulement atteint d'imbécilité ou de démence; mais son intervention n'est possible, dans ce dernier cas, que si l'individu n'a ni conjoint ni parents connus.

Nous n'insisterons pas sur la raison qui a fait introduire une différence dans l'action du ministère public en cas de fureur et de simple démence. Dans un cas, l'ordre public exigeait une intervention obligatoire pour l'autorité; dans l'autre cas, on laissait les familles libres d'apprécier l'opportunité de provoquer l'interdiction; et cette dernière mesure restait encore à la disposition de l'autorité au cas où le dément était sans famille.

Mais que faut-il entendre par parents connus?

La question semble avoir fait quelque doute. Voici sur ce point l'opinion de M. Demante (*Cours analytique,* t. II, 2° 263 *bis* II), à laquelle nous déclarons nous ranger: « La qualité, pour provoquer l'interdiction d'un autre, paraît reposer tout à la fois et sur l'affection présumée et sur un droit au moins éventuel de succession. Cette seconde condition manquant pour les *alliés*, la loi ne les comprend pas dans le droit qu'elle accorde au contraire à *tout parent*, c'est-à-dire bien entendu à tout parent successible. »

Quant à la parenté naturelle, comme elle constitue dans une certaine mesure un titre de succession, nous pensons qu'elle donnerait aussi qualité pour intenter l'action en interdiction; mais nous ne croyons pas que la présence de parents naturels l'enlèverait au ministère public; car, s'il est vrai qu'il y a des droits de succession éventuels, par contre, les liens d'attachement et d'affection sont trop souvent inexistants.

(Paris, 2 mai 1853 et 15 juin 1857. — Cassat. req., 9 février 1863. Besançon, 24 juin 1857.)

L'art. 489 nous parle du majeur; mais le mineur peut valablement faire nombre d'actes qui sont absolument défendus à l'interdit. Il peut, aux termes de l'art. 904 (Code civil), disposer, par testament, d'une partie de ses biens, contracter mariage; il peut, s'il est émancipé, faire tous actes d'administration, vendre, acheter, faire le commerce. L'interdiction le rend inhabile à tout cela. Il peut donc être du plus haut intérêt, dans bien des circonstances, de faire prononcer l'interdiction, non-seulement d'un mineur émancipé, mais même celle d'un mineur en tutelle.

Pour ces raisons, confirmées par ce passage de l'exposé des motifs du conseiller d'Etat Emmery, « qu'il pouvait arriver que l'interdit fut en tutelle lors de son interdiction, et qu'alors la tutelle continuait, » nous pensons que la minorité ne serait pas une fin de non recevoir que l'on pourrait opposer au ministère public.

On a dénié au ministère public le droit de provoquer la nomination d'un conseil judiciaire au prodigue (*Sic* Debacq, *op. cit.*, p. 299), en disant qu'ici l'ordre public n'était nullement intéressé, et que, si l'art. 514 avait renvoyé à l'art. 489 pour indiquer les personnes qui pouvaient demander la nomination d'un conseil judiciaire, il ne fallait pas en tenir compte, car il s'agissait ici d'intérêts purement personnels.

Nous ne pensons pas que cette opinion soit fondée : d'abord l'art. 514 est formel, et il n'est pas admissible de dire que le législateur qui le citait ne se soit pas rendu compte de ce qu'il faisait; d'autre part, il n'est pas vrai que l'ordre public soit complétement désintéressé dans la question, puisque l'art. 515 porte que tout jugement, en matière d'interdiction ou de nomination de conseil judiciaire, ne pourra être rendu que sur *les conclusions du ministère public.*

Le ministère public doit visiter les établissements d'aliénés (loi du 30 juin 1838, art. 4); il doit être (art. 10) informé, dans les vingt-quatre heures, des ordres donnés par l'autorité administrative pour la garde des aliénés, et, s'il craignait qu'il y eût dans ce fait un acte de séquestration, il pourrait saisir le tribunal pour faire ordonner, s'il le fallait, les mesures nécessaires.

Il est de plus chargé de veiller aux intérêts de l'aliéné et, lorsque celui-ci n'a pas été interdit, de requérir la nomination d'un administrateur provisoire.

Dans le cas où le jugement, emportant nomination d'un administrateur provisoire, accorderait en même temps à l'aliéné une hypothèque sur les biens de cet administrateur, le procureur aurait la charge de veiller à ce que l'inscription fût prise.

En outre, la loi, qui veut avant tout la protection de l'aliéné, autorise (art. 38) les parties intéressées ou le ministère public à demander au tribunal, outre l'administrateur provisoire, un curateur qui devra veiller : 1° « à ce que les revenus soient employés à adoucir le sort de l'aliéné et hâter sa guérison ; 2° à ce qu'il soit rendu au libre exercice de ses droits aussitôt que sa situation le permettra. »

§ IV.

Du droit d'action du ministère public en matière de mariage.

La matière du mariage était trop intimement liée à l'ordre public pour que la loi ne conférât pas au ministère public, dans certains cas particulièrement graves, la sauvegarde de l'intérêt social.

Les infractions, commises à l'encontre des lois établies sur le mariage, donnent lieu à deux sortes de nullités : les unes absolues, c'est-à-dire invocables par toute personne intéressée ; les autres, relatives seulement à certaines personnes.

Nous ne parlons pas, bien entendu, des mariages inexistants qui ne sauraient donner lieu à aucune action en nullité.

De ces nullités, ce sont celles-là seules qui sont absolues qui donnent lieu à l'action du ministère public.

Nous trouvons, dans l'art. 184 : « Tout mariage contracté en contravention aux dispositions contenues aux art. 144, 147, 161, 162 et 163, peut être attaqué soit par les époux où ceux qui ont intérêt, soit par le ministère public. »

Ces articles visent les cas d'impuberté, de bigamie, d'inceste.

L'art. 191 vise d'autre part le cas d'incompétence de l'officier public. Entrons à ce sujet dans quelques développements.

I. Nous remarquerons que l'art. 190 indique d'une façon formelle que l'action du ministère public ne peut avoir lieu que du vivant des époux : « le procureur du roi peut et *doit demander la nullité du mariage du vivant des époux.* » On a pensé, en effet, que le mariage, dissous par la mort d'un des conjoints, rendait toute poursuite inutile pour la sauvegarde de l'ordre et des bonnes mœurs publiques, et qu'on causerait, au contraire, un scandale inutile en soulevant ainsi une action tardive.

S'ensuit-il que, lorsque les époux sont vivants, il y ait une obligation pour le ministère public à provoquer la nullité du mariage fait au mépris des lois, en toutes circonstances et sans que les officiers du parquet aient nullement à apprécier l'opportunité de leur intervention ?

C'est la déduction que l'on a voulu tirer de ces mots de notre art. 190 « *peut et doit,* » et la doctrine est considérablement divisée sur l'interprétation que l'on doit donner à ce texte.

La majorité des auteurs s'accorde d'abord à faire une distinction sur la cause d'annulabilité qu'il s'agit de faire valoir : s'il s'agit seulement de vices de formes ou de clandestinité, le ministère public aura seulement le droit d'agir ; en effet, l'art. 191, qui se rapporte plus spécialement au vice de clandestinité, n'indique qu'une faculté, « *le mariage peut être attaqué.* »

Mais, dit-on dans une première opinion, s'il s'agissait d'un vice tel que celui d'impuberté, d'inceste ou de bigamie, il y aurait pour le ministère public nécessité d'agir. Ce sont alors des infractions tellement graves que l'ordre social en est troublé, et ceux qui sont chargés de sa sauvegarde ne peuvent rester indifférents devant les conséquences dangereuses qu'auraient de pareils exemples.

Cette opinion invoque à son appui un passage du discours du tribun Bouteville (Locré, *Législation civile,* vol. IV, p. 561) dont les termes viennent assurément confirmer cette thèse, en faisant bien ressortir toute la différence qui existe entre l'hypothèse d'un mariage manquant de publicité (art. 191) et celui formé en contravention aux règles de l'art. 184. Ce système est suivi par MM. Ortolan et Ledeau, Toullier, Demante, Ducaurroy et Bonnier.

Pour nous, sans admettre, comme l'ont fait un certain nombre d'auteurs (Aubry et Rau, t. IV, p. 55, note 23), que le mot *doit* ait seulement trait à l'époque où la demande en nullité est recevable (ils interprètent en effet ainsi : le ministère public *peut* demander la nullité, et *doit la demander du vivant des époux*) ; sans aller jusque-là, disons-nous, nous pensons que le sens naturel de l'article est celui-ci : le ministère public *peut* non-seulement demander la nullité du mariage, mais encore *doit* le faire au moins en principe et sauf à user des ménagements convenables.

S'il en était autrement, en effet, le remède serait pire que le mal ; car il peut se rencontrer des circonstances où, comme nous le disions tout à l'heure, il y aurait plus de scandale que de bons effets produits par une poursuite tardive.

De plus, les travaux préparatoires que l'on invoque dans l'opinion adverse contiennent aussi ce passage significatif de Portalis : « Gardons-nous de donner à cette censure, confiée au ministère public dans l'intérêt des mœurs et de la société, une étendue qui la rendrait oppressive et la ferait dégénérer en inquisition. Le ministère public ne doit se montrer que quand le vice est notoire, quand il est subsistant ou quand une longue possession n'a. pas mis les époux à l'abri des recherches directes du magistrat. Il y a souvent plus de scandale dans les poursuites indiscrètes d'un délit obscur, ancien et ignoré, que dans le délit lui-même. » (Locré, *Législation civile*, t. IV, p. 514-515.) Fenet, t. X, p. 171.

L'orateur va loin, on le voit, puisqu'il parle d'une *longue possession* mettant le contrevenant à l'abri. Quoi qu'il en soit, du plus ou moins de divergence que l'on rencontre dans les travaux préparatoires, il est une considération qui domine évidemment ici : c'est qu'en matière d'action publique , le ministère public a toujours un droit d'appréciation sur l'opportunité de son intervention.

Ce système reçoit l'appui de l'autorité de MM. Demolombe et Valette (*Cours de Droit civil*, p. 260).

II. L'art. 190 , qui exige que l'action soit intentée du vivant des époux, contient une première fin de non recevoir contre l'action en nullité.

Une autre fin de non recevoir, celle-là plus spéciale , est contenue dans l'art. 185 (Code civil).

« Le ministère public ne peut faire valoir la cause de nullité résultant de l'impuberté des époux ou de l'un d'eux , lorsqu'il s'est écoulé six mois depuis que l'époux impubère a atteint l'âge compétent, ou lorsque la femme impubère a conçu depuis l'échéance de six mois. »

Il s'agit de l'âge avant lequel on ne peut se marier, même avec le consentement de sa famille, à savoir, dix-huit ans révolus pour l'homme, et quinze ans révolus pour la femme , sauf le cas de dispenses. Il n'y a ici, en définitive , qu'une présomption légale qui pourra être en désaccord avec la réalité des faits; aussi, la violation de l'art. 144 n'aura-t-elle souvent pour le public rien de choquant ni de scandaleux. On sera donc très-disposé à trouver raisonnable qu'un mariage nul pour défaut d'âge soit validé et confirmé surtout six mois après que l'âge requis aura été atteint, et le législateur aurait même décidé que la nullité était couverte de plein droit par cela même, s'il n'avait voulu donner aux parties un délai pour intenter l'action.

Quant à la femme, l'action, avons-nous dit, ne serait

plus recevable, si, avant même l'échéance des six mois depuis qu'elle a l'âge compétent, elle était devenue enceinte. C'est que, dit-on, en pareil cas, la nature vient elle-même donner un démenti à la loi, et constater, par un signe indubitable, la nubilité de la femme.

Les tribunaux, par mesure de faveur, étendent cette disposition au cas où la grossesse serait survenue au cours de l'instance.

III. Nous devons interpréter ici un article que nous avons laissé de côté, lorsque nous avons traité de l'absence, et qui trouve mieux sa place dans la matière du mariage.

Il est dit, en effet, dans l'art. 139, que l'époux absent, dont le conjoint a contracté une nouvelle union, sera seul recevable à attaquer le mariage, par lui-même ou son fondé de pouvoirs, muni de la preuve de son existence. Une assez grande divergence d'opinions s'est produite sur ce point :

1° On a d'abord pris l'art. 139 au pied de la lettre, et l'on a dit que, *seul* absolument, l'époux était recevable à attaquer le mariage. On écartait ainsi toutes les personnes ayant un intérêt pécuniaire ou moral, y compris le ministère public et l'autre époux lui-même. On arrivait ainsi à des conséquences absurdes et révoltantes, car avec cette interprétation il eût suffi que l'absent, de retour, s'abstînt d'attaquer le mariage, pour que les nouveaux époux fussent retenus à perpétuité au su et au vu de tout le monde, et peut-être malgré eux, dans les liens d'une union au moins immorale. Cette seule conséquence devait faire repousser ce système.

2° L'art. 139, a-t-on dit, a pour but d'indiquer non pas par quelles personnes, mais à quelle époque et sous quelles conditions le mariage pourra être attaqué. Ce sera, dit-on, quand l'absent sera de retour ou quand on aura la preuve de son existence. Ce qui n'exclut pas l'application de l'art. 184 : la demande en nullité pourra alors être introduite par les intéressés, y compris le ministère public.

Les travaux préparatoires sont invoqués à l'appui de cette thèse : « le mariage sera déclaré nul quand on aura la preuve de l'existence de l'époux. »

Mais on objecte contre cette interprétation que si l'art. 139 avait eu seulement pour but de dire que le mariage ne serait attaquable que lorsque l'on aurait des preuves certaines du retour de l'absent, c'était une disposition inutile.

On reproche aussi à ce système de traduire « *sera seul recevable* » par ces mots, toute *personne en apportant la preuve*..... sera recevable à attaquer le mariage.

3° Dans une troisième opinion soutenue par M. Demante (t. I, p. 284, n° 177 *bis* IV), l'art. 139 reconnaît un droit exclusif à l'absent pour attaquer le mariage, mais « cette exclusion proclamée d'une manière générale, devra être appliquée aussi généralement que le permettra le respect de la morale et de l'ordre public. »

Par conséquent, après que l'absence a cessé, il ne suffira pas d'un intérêt privé pour venir attaquer le mariage, cette faculté n'appartiendra qu'à ceux qui pourront, avec autorité, faire valoir des motifs d'ordre public, et de ce nombre, il va de soi que le ministère public y est compris. On exclut ainsi les collatéraux, les enfants d'un premier lit, et même les ascendants.

Ce système qui ne manque pas d'une certaine ingéniosité ne nous semble pas cependant devoir être adopté ; la distinction qu'il invoque, outre qu'elle ne se trouve pas dans le texte, est très-indécise, et nous croyons devoir nous rallier à la dernière opinion qui nous reste à exposer.

4° L'art. 139 prévoit deux hypothèses différentes qui doivent être différemment régies :

C'est, d'une part, le cas où l'absent est de retour ; d'autre part, celui où l'on a seulement de ses nouvelles. Dans le premier cas, il n'y a pas à craindre que l'action en nullité de mariage soit intentée témérairement, tandis que, dans le second, il est à craindre que les nouvelles que l'on a soient fausses. Il n'y a donc pas de difficulté à laisser le premier cas sous l'empire de l'art. 184 : quand l'absent reparaît, les choses se passent comme s'il n'y avait jamais eu d'absence. Dans le second cas, au contraire, on exige plus de réserve, l'existence de l'absent n'est peut-être pas notoire : il a pu mourir depuis, de là les précautions de l'art. 139 pour bien établir la preuve de l'existence de l'absent avant d'intenter l'action en nullité.

Après avoir ainsi spécifié les cas d'intervention du ministère public en matière de mariage, nous devons examiner quelques questions qui se présentent à notre étude :

Nous avons déjà, dans la première partie de ce travail, rejeté, après un minutieux examen, l'opinion

des auteurs qui veulent reconnaître au ministère public
l'action principale toutes les fois que l'ordre public est
intéressé. Pour ces auteurs, il ne fait aucun doute que
le parquet ne puisse saisir les tribunaux d'une action
tendant à faire annuler un jugement, qui aurait prononcé indûment la nullité d'un mariage sur la demande
des parties.

On suppose, par exemple, comme dans les arrêts
de Bruxelles et de Pau, que nous avons déjà cités,
que les parties se sont entendues collusoirement pour
tromper la religion du tribunal et obtenir, sous forme
de nullité de mariage, un véritable divorce.

Dans l'opinion, qui, comme la nôtre, repousse
l'action illimitée du ministère public, on s'est demandé
si la société restait désarmée devant de pareils scandales, ou s'il n'y avait pas un texte qui permît aux
membres du parquet d'agir.

Les auteurs et la jurisprudence sont divisés sur ce
point.

1° On a voulu, en s'appuyant sur les art. 184 et
190 du Code civil dont nous venons de nous occuper,
tirer du pouvoir qu'avait le ministère public de demander la nullité de certains mariages, cet autre
pouvoir de demander le maintien de mariages indûment
annulés. Il y a, dit-on, analogie de motifs, et l'ordre
public est éminemment intéressé à une pareille
solution.

2° Nous ne saurions adopter ce système qui nous
semble inconciliable avec les principes que nous avons
admis sur la matière. Il n'est pas possible ici d'étendre
par analogie, fût-elle prouvée, ce qui ne nous paraît

pas très-bien démontré, d'étendre, disons-nous, d'un cas à un autre les attributions du ministère public : « la matière des nullités de mariage, disait Portalis, est de droit étroit. »

Quant aux craintes tirées du scandale produit, nous trouvons que ces craintes sont exagérées. En effet, toutes les fois que la collusion des parties sera évidente, les juges useront du pouvoir qui leur est accordé, et feront leur devoir. Quelque puissante que soit la garantie du ministère public, la société ne doit pas craindre de s'en rapporter pour le maintien du bon ordre et des bonnes mœurs à la sagesse des tribunaux. Cette doctrine a été adoptée par MM. Demolombe, Aubry et Rau, t. III, page 240; Ortolan et Ledeau, pages 164-166.

Elle est de plus confirmée par un arrêt de la Cour de Cassation, Cass., 5 mars 1821. (Dalloz Rep., *verbo* Mariage, n° 521.)

Nous devons nous demander maintenant s'il ne serait pas préférable pour le ministère public de former opposition à un mariage qu'il saurait devoir se contracter au mépris des art. 184, 190, 191, plutôt que d'attendre que le mal soit fait pour intenter une demande en nullité.

Ce second résultat semble devoir être évité à tout prix. Admettrons-nous alors le ministère public à faire opposition? C'est ce qu'ont admis les Cours de Toulouse, 10 juin 1852 (D. P. 52-2-169), et de Limoges, 17 janvier 1346 (D. P. 46-2-34).

Cette solution n'est pas admise par tous les auteurs : les uns admettent le droit d'opposition dans tous les cas (Duranton, t. II, p. 201; Delvincourt, p. 58), qu'il s'agisse d'empêchements prohibitifs ou absolus; les autres, seulement dans les cas où l'ordre public est intéressé, c'est-à-dire dans les termes de l'art. 184, quand le ministère public peut demander la nullité. (Valette sur Prudhon, t. I, p. 240; Demolombe, t. III, n° 151 (1).

Pour nous, nous croyons que le droit de demander la nullité d'un mariage n'emporte pas le droit de former opposition. Les personnes qui peuvent former opposition sont limitativement désignées. Quant au danger du scandale qui serait causé, il est beaucoup moindre qu'on se l'imagine, par cette considération que l'officier de l'état civil se trouve sous la surveillance administrative des membres du parquet. Ceux-ci pourront dénoncer à l'officier les empêchements qui s'opposent au mariage; le résultat sera le même que celui d'une opposition. L'officier de l'état civil, contre lequel des amendes sont prononcées, refusera de passer outre à la célébration; on l'assignera devant le tribunal; alors le ministère public, qui a le pouvoir de requérir ce que la loi lui paraît exiger, requerra un jugement qui approuve le refus de ce fonctionnaire. Tel est l'avis de Merlin, que nous avons déjà rencontré sur la question, et c'est le système qui a prévalu dans la jurisprudence, Paris 26 avril 1833; Cassat. 1er août 1820; Cassat. 5 mars 1821.

(1) M. Demolombe, partisan du système *extensif* dans sa 1re édition (t. I, p. 333; t. III, p. 151), l'abandonne dans son édition de 1860, pour n'admettre l'action du ministère public que dans les cas précités.

§ V.

Séparation de corps et adultère.

Lorsqu'un jugement prononce une séparation de corps pour cause d'adultère contre une femme mariée, le ministère public peut, aux termes de l'art. 308, requérir une condamnation à la réclusion dans une maison de correction.

Ce qu'il y a de remarquable dans cette disposition, c'est que le tribunal civil se trouve appelé à prononcer une condamnation pénale; et, comme c'est un seul et même jugement qui doit prononcer à la fois et la séparation de corps et la condamnation, il s'en suit que, si le mari se désiste de la demande en séparation par lui formée, le ministère n'a plus qualité pour requérir l'application des peines de l'art. 308.

Nous devons encore en tirer la conséquence suivante : l'appel ne sera possible, si le tribunal ne fait pas droit aux réquisitions du ministère public, qu'autant que le mari interjettera appel de son côté.

En effet, si le tribunal a refusé de prononcer la séparation, le ministère public n'a aucune raison d'agir.

Si, en la prononçant, il a refusé de prononcer la condamnation, comme cette condamnation ne peut résulter que du jugement qui prononce la séparation de corps, ici encore l'appel n'est pas possible.

Ajoutons enfin que les mêmes fins de non recevoir opposables par la femme, telle que la réconciliation, seraient également opposables au ministère public.

§ VI.

Action du ministère public en matière de nationalité et de naturalisation.

L'intervention du ministère public en cette matière se réduit à fort peu de chose : Lorsque les questions soulevées devant les tribunaux sont des questions d'Etat, nous avons vu qu'elles doivent être communiquées.

Mais on ne cite qu'un cas d'intervention du ministère public, c'est en vertu de la loi du 19 mai 1834, art. 1, § II, et de l'ordonnance du 30 août 1837.

La première de ces lois est relative aux officiers des armées de terre et de mer, et les déclare déchus de leur grade « par la *perte* de la qualité de Français, *prononcée par jugement;* » et comme des difficultés s'étaient élevées pour savoir qui pouvait faire prononcer ce jugement et saisir les tribunaux, l'ordonnance du 30 août détermina dans quelles formes l'autorité judiciaire serait appelée à rendre les décisions prévues par la loi de 1834.

Aux termes de l'ordonnance, les pièces nécessaires sont transmises par le ministre de la guerre au garde des sceaux qui ordonne les poursuites.

Nous ne quitterons pas cette matière sans faire une remarque qui, croyons-nous, a son importance. Les dispositions contenues dans les documents législatifs, que nous venons d'étudier, ont un rapport intime avec celles des art. 17 et 21 du Code civil sur la perte de la qualité de Français.

La qualité de Français, disent ces articles, se perd par l'acceptation d'un grade ou d'une fonction publique à l'étranger, sans autorisation du gouvernement. Or on pouvait se demander, dans le silence du Code, si cette déchéance était encourue de plein droit, ou si elle devait être prononcée par jugement; enfin qui pouvait requérir ce jugement.

Dans cet ordre d'idées, nous voyons une ordonnance du 1er mars 1862 (Dalloz, 62-3-77) émanée de M. de Persigny, alors ministre, au sujet des Français qui s'étaient enrôlés, sous la conduite de la Moricière, pour la défense de la puissance temporelle du Saint-Siége.

La formation du corps des zouaves pontificaux s'était faite au grand jour, et le gouvernement, qui jusque-là était venu en aide aux Etats Romains, n'avait mis aucune opposition à cette généreuse initiative. Ces jeunes gens se croyaient toujours Français, quand parut l'ordonnance que nous avons mentionnée et qui déclarait les zouaves pontificaux déchus de leur qualité de Français.

Deux questions se posaient ici : 1° Les jeunes gens, dont nous parlons, étaient-ils dans le cas de l'art. 21, et pouvaient-ils se voir atteints par la déchéance édictée par cet article ?

2° Cette déchéance, pouvait-elle être prononcée *de plano* par l'autorité administrative, ou ne pouvait-elle l'être que par *les tribunaux* et sur la demande du ministère public ?

La première question nous entraînerait dans des développements trop longs si nous voulions entrer dans la discussion des faits ; nous nous contenterons d'indiquer la solution à laquelle nous nous rangeons à la suite de notre professeur M. de Folleville, dans son cours de droit international privé de l'année 1876-77.

Il s'agit ici d'une déchéance civile qui doit être interprétée strictement. Or nous n'avons pas ici des jeunes gens qui se sont enrôlés dans un régiment étranger, mais un corps formé en France, sous un commandan^t français ; une corporation militaire française allant, avec l'aveu tacite du gouvernement français, qui n'y mettait pas obstacle, au secours d'un gouvernement étranger ; c'était d'ailleurs travailler à la continuation d'une œuvre française.

De plus, l'esprit de la loi est que les Français, qui prennent du service à l'étranger, ne soient pas exposés à combattre contre la patrie. Il est certain que pareille chose n'était pas à craindre, et que la France eût trouvé, le cas échéant, comme elle l'a trouvé du reste dans ce corps, ses meilleurs défenseurs.

Nous croyons donc, pour donner une solution à la première question, que l'art. 21 n'était pas applicable dans l'espèce.

Au sujet de la seconde question, nous pensons que l'ordonnance de M. de Persigny était inconstitutionnelle au premier chef ; il est, en effet, inadmissible de faire prononcer une déchéance civile quelconque par mesure administrative. Ce ne peut être que l'œuvre de l'autorité judiciaire, et la loi du 19 mai 1834 a fait une juste application de ce principe dans son § II, art. 1, que nous avons cité à propos des officiers français. Il faut donc un jugement pour prononcer cette déchéance. La jurisprudence a fait bien des fois l'application de ce principe. (Arr. du Conseil d'Etat, 10 août 1844. Sir. 45-3-70. Douai, 19 nov. 1844. Dal. 45-4-208. D. 1862-3-77.)

Le ministère public sera-t-il au moins recevable à demander aux tribunaux l'application de l'art. 21 ?

Pas davantage, croyons-nous, aucun texte ne lui conférant ce pouvoir, en dehors du cas exceptionnel de de la loi de 1834 que nous avons étudiée.

§ VII.

Action du ministère public en matière hypothécaire.

En cette matière, comme dans la plupart de celles que nous avons étudiées, le ministère public exerce ici ses fonctions de haute tutelle en faveur des incapables.

C'est ainsi que l'art. 2138 lui prescrit de requérir l'inscription des hypothèques légales du mineur et de la femme mariée sur les biens du tuteur et du mari, à défaut d'inscription de la part de ceux-ci.

Mais là ne se bornent pas ses attributions. La loi, dans les art. 2143 et suivants, prévoit le cas où l'hypothèque légale du mineur et de la femme mariée porterait sur des biens peut-être beaucoup plus considérables qu'il n'est nécessaire pour garantir l'administration de la fortune de ceux-ci. Pour parer à cet inconvénient, nos articles autorisent le tuteur ou le mari à demander la restriction de l'hypothèque qui grève leurs immeubles, et cela à plusieurs conditions :

1° Il faut que la restriction n'ait pas déjà été faite dans l'acte de nomination du tuteur ;

2° Que les immeubles excèdent notoirement les sûretés suffisantes pour sa gestion ;

3° Quant à la femme, il faut qu'elle prenne l'avis de ses quatre plus proches-parents ;

4° Enfin le jugement ne peut être rendu « qu'après avoir entendu le ministère public et contradictoirement avec lui. »

Ces derniers termes de l'art. 2145 ont présenté quelque difficulté. S'agit-il seulement d'une cause communicable au ministère public, ou cet article lui confère-t-il un droit d'action principale ?

Il semble bien que, si le législateur avait seulement voulu dire que la cause était soumise à communication, il n'aurait pas ordonné aux membres du parquet d'être les contradicteurs nécessaires à la demande.

De plus, si le subrogé-tuteur est le contradicteur naturel à la demande du tuteur, il n'en n'est pas de même pour la femme qui ne trouverait d'appui en nulle autre personne, si le ministère public n'était chargé spécialement de ce soin.

Il semble donc naturel de croire qu'ici le ministère public est investi du droit d'action principale. Cependant un arrêt de la Cour de Rouen du 8 décembre 1843, affaire Baroche (Dall., *Appel civil*, Rep. n° 467), s'est prononcé dans le sens contraire. Mais cet arrêt a été cassé (D. P. 1845-1-5) par la Cour suprême, qui a consacré la doctrine que nous avons présentée comme résultant plus naturellement des textes et de l'esprit de la loi.

§ VIII.

Du droit d'action du ministère public en matière de successions et de substitutions.

I.   Ce sont encore des fonctions de tutelle que le ministère public exerce en cette matière en faveur d'incapables; nous rencontrons d'abord l'art. 819 du Code civil combiné avec l'art. 911 du Code de procédure civile, qui prescrivent au procureur d'ordonner l'apposition des scellés sur les effets d'une succession qui s'ouvre en faveur de mineurs ou d'interdits dépourvus de tuteurs, ou lorsque tous les héritiers ne sont pas présents au lieu de la succession.

Lorsqu'après l'expiration des délais pour faire inventaire et pour délibérer, il ne se présente personne qui réclame une succession, quand il n'y a pas d'héritiers connus, ou quand lesdits héritiers ont renoncé à la succession, cette succession est réputée vacante.

Dans ce cas, l'art. 812 enjoint au procureur du tribunal de première instance, dans l'arrondissement duquel la succession s'est ouverte, de requérir la nomination d'un curateur au cas où les personnes intéressées auraient négligé de le faire.

II.   En matière de substitutions, les attributions du ministère public sont prévues par les art. 1057-1061, dont nous allons étudier les dispositions.

Le législateur n'autorise les substitutions que dans des cas très-restreints, et il en soumet la validité à des formalités nombreuses ; c'est ainsi que l'art. 1055 porte la mention suivante : « Celui qui fera les dispositions autorisées par le chapitre précédent (autorisant certaines substitutions), pourra par le même acte ou par un acte postérieur, en forme authentique, nommer un tuteur chargé de l'exécution de ces dispositions. »

L'article suivant, au cas où cette nomination n'aurait pas été faite par le donateur, en exige l'accomplissement de la part du grevé ou de son tuteur, s'il est mineur. Enfin l'art. 1057, au cas où le grevé ne se serait pas conformé à cette prescription, déclare qu'il pourra être déchu de son droit, au profit des appelés, soit à la diligence de ceux-ci ou de leurs tuteurs, soit à la diligence du ministère public.

La déchéance n'est donc pas encourue de plein droit, mais doit être prononcée par les tribunaux.

Remarquons que la loi ne distingue pas si le grevé est majeur ou mineur ; nous devrons donc lui appliquer indifféremment la règle de l'art. 1057. Cependant si, étant mineur, il était dépourvu de tuteur, il est évident qu'on ne saurait équitablement faire retomber sur lui les résultats d'une négligence dont il n'est pas coupable.

Nous arrivons à l'explication de l'article 1061, qui prescrit au procureur près le tribunal, où s'est ouverte la succession, et aux autres parties, indiquées dans l'art. 1057, de procéder à l'inventaire qui aurait dû être dressé par le grevé ou son tuteur aux termes de l'art. 1058.

Cet inventaire, en effet, a une grande importance

pour les appelés, car il établit la consistance des biens qui doivent leur être remis.

On observe généralement que l'art. 1058 est édicté dans l'hypothèse, où le disposant meurt en laissant un testament où se trouve la disposition, et on comprend qu'alors il soit nécessaire de faire un état descriptif de tous les objets laissés ; aussi on n'applique pas cet article, ni l'art. 1061 quand il s'agit d'une disposition entre vif, car la disposition renfermera toujours la nomenclature des objets donnés.

Il en est de même s'il s'agit d'un legs particulier, et ce cas est spécifié dans l'art. 1058 , à moins toutefois que, le legs se composant d'un ensemble d'objets divers, dont on pourrait craindre la distraction de quelqu'un, il ne soit nécessaire d'appliquer les règles que nous venons d'étudier en faveur des appelés.

Telles sont les dispositions contenues au titre des successions et des donations, qui intéressent le ministère public.

§ I X.

Action civile du ministère public en matière de brevets d'invention.

L'art. 37 de la loi du 5 juillet 1844 est ainsi conçu : « Dans une instance, tendant à faire prononcer la nullité ou la déchéance d'un brevet, le ministère public pourra se rendre partie intervenante, et prendre des réquisitions pour faire prononcer la nullité ou la déchéance absolue du brevet. Il pourra même se pourvoir *par action principale*, pour faire prononcer la nullité, dans les cas prévus aux n°s 3-4-5 de l'art. 30. »

Ces derniers articles visent les cas suivants : 1° Si la découverte, invention ou application, n'est pas susceptible d'être brevetée, soit qu'elle s'applique à des compositions pharmaceutiques, ou remèdes de toute espèce, soit qu'elle ait trait à des plans ou combinaisons de crédit et de finances;

2° Si la découverte, invention ou application, est reconnue contraire à l'ordre ou à la sûreté publique, aux bonnes mœurs, ou aux lois du royaume ;

3° Si le titre, sous lequel le brevet a été demandé, indique frauduleusement un objet autre que le véritable objet de l'invention.

Disons au sujet de cette nouvelle attribution, qu'il est évident que le ministère public pourrait agir d'office, nonobstant toute action, qui aurait été intentée par des tiers, alors même que ceux-ci auraient succombé.

A l'inverse, il reste loisible aux tiers d'intenter l'action en nullité du brevet en leur propre et privé nom, bien qu'elle ait déjà été intentée par le ministère public, qui aurait succombé; celui-ci, en effet, ne se place pas au même point de vue, il attaque surtout le brevet au point de vue de l'ordre public. Les tiers intéressés, au contraire, peuvent avoir des raisons toutes différentes à faire valoir pour faire prononcer la nullité ou la déchéance.

Cela résulte bien de la discussion de cette loi à la chambre législative, et cette idée était trop logique pour ne pas être admise.

CHAPITRE II

Hypothèses particulières dans lesquelles le ministère public est chargé d'introduire l'action.

SOMMAIRE. 1. Action du ministère public dans le cas de l'art. 200. — 2. Conflits. — 3. Expropriation pour cause d'utilité publique. — 4. Administration des fabriques paroissiales.

En commençant l'étude de l'action principale du ministère public, nous avons écarté un certain nombre d'hypothèses spéciales, où celui-ci introduit l'action, non plus en son nom propre, comme dans les cas que nous venons d'examiner, ni comme un simple inter-médiaire, comme dans les matières où il fait en quelque sorte fonction d'avoué (pour le domaine par exemple), mais dans des cas de telle nature, que l'action ne peut être portée devant les tribunaux que par le ministère public.

Nous avons cité comme appartenant à cette catégorie :

1º Le cas de l'art. 200 du Code civil ;

2º Celui prévu par l'ordonnance du 1er juin 1828 en matière de conflits ;

3º Celui de l'art. 11 de la loi du 3 mai 1841 en matière d'expropriation pour cause d'utilité publique ;

4º Celui du décret du 30 décembre 1809, sur l'ad-ministration des fabriques paroissiales.

Ces différentes hypothèses, dont nous allons entreprendre l'examen , feront l'objet d'autant de paragraphes distincts

§ I.

Action du ministère public dans le cas de l'art. 200.

Cet article se trouve au chapitre des preuves de la célébration du mariage. Le législateur, après avoir posé les règles des preuves normales du mariage, en est arrivé aux moyens extraordinaires de prouver l'existence du mariage. Il a montré, dans l'art. 198 , que cette preuve pouvait résulter d'une procédure criminelle ; cette action appartient comme de juste aux époux et, après leur mort, si la fraude n'a pas été découverte, à leurs héritiers ou au procureur (art. 199).

Mais si c'est l'officier de l'état civil, qui est coupable d'avoir falsifié ou détruit les actes ou qui est cause de leur perte, pour les avoir inscrits sur des feuilles volantes par exemple , le législateur établit alors des règles différentes.

Notons d'abord que, si nous avons parlé de l'officier public coupable, il ne s'agit là d'une dénomination qu'à titre d'exemple, et la règle s'appliquerait également à toute personne qui se serait rendue coupable du même fait ; la jurisprudence n'a pas hésité à étendre cette disposition. Nous verrons que les motifs sont les mêmes pour décider ainsi.

Il y avait, en effet, de puissants motifs d'intérêt public qui réclamaient ici l'intervention du ministère public : on avait à craindre que, dans le but de se procurer un faux état civil, les parties ne s'entendissent collusoirement avec les héritiers d'un officier de l'état civil pour obtenir une rectification à la suite d'une condamnation et d'une procédure dirigées contre lesdits héritiers.

Pour éviter cet inconvénient, l'art. 200 dont nous nous occupons décide qu'en cas de décès du coupable, le ministère public seul pourra intenter l'action, sur la dénonciation des parties intéressées, et il en est ainsi, nous l'avons vu, quel que soit l'auteur de la falsification commise, simple particulier ou officier d'état civil, pourvu qu'étant mort ou hors d'atteinte, il ne puisse être poursuivi directement par l'action publique.

Ce qui distingue cette hypothèse de celles que nous avons étudiées jusqu'ici, c'est que l'action n'émane pas de l'initiative du ministère public, mais que c'est sur la dénonciation des parties que celui-ci doit soulever cette procédure. Il n'est donc pas, comme à l'ordinaire, libre et indépendant dans son appréciation du plus ou moins d'opportunité de la poursuite à intenter, et son intervention est forcée, sauf à lui à conclure comme représentant de la loi.

§ II.

Ordonnance du 1er juin 1828 en matière de conflits.

Cette ordonnance a trait à l'important principe de la séparation des pouvoirs judiciaires et administratifs. Le législateur a voulu que l'un et l'autre de ces pouvoirs demeurassent strictemen' dans la sphère de leurs attributions.

Pour cela, lorsque l'autorité judiciaire est saisie d'une question que l'administration croit de son domaine, celle-ci peut revendiquer la cause et en déférer au Conseil d'Etat pour prononcer.

Sous la législation du 13 brumaire an X, le commissaire du gouvernement (ministère public) requérait le renvoi de l'affaire devant l'autorité compétente, dans le cas où une question, ressortissant de l'autorité administrative, avait été déférée aux tribunaux devant lesquels ils siégeaient. Et, au cas où l'on n'aurait pas fait droit à leur requête, ils en informaient le préfet qui élevait le conflit.

Telle était la marche suivie par la loi de brumaire an X.

Un changement notable est introduit par l'ordonnance du 1ᵉʳ juin 1828 : Art. 6. « Lorsqu'un préfet estimera que la connaissance d'une question portée devant un tribunal de première instance est attribuée par une disposition législative à l'autorité administrative, il pourra, alors même que l'administration ne serait pas en cause, demander le renvoi de l'affaire devant l'autorité compétente. A cet effet, le préfet adressera au procureur du roi un mémoire dans lequel sera rapportée la disposition législative qui attribue à l'administration la connaissance du litige. Le procureur du roi fera connaître, dans tous les cas, au tribunal la demande formée par le préfet, et requerra le renvoi si la demande lui paraît fondée. »

Art. 7 : « Après que le tribunal aura statué sur le déclinatoire, le procureur du roi adressera au préfet, dans les cinq jours qui suivront le jugement, copie de ses conclusions ou réquisitions et du jugement rendu sur la compétence ; la date de l'envoi sera consignée sur un registre à ce destiné. »

Il est donc nécessaire , pour que le conflit s'élève , que la compétence du tribunal civil ait été déclinée dans la forme que nous avons vue. C'est le ministère public qui est chargé de proposer le déclinatoire , et son intervention est indispensable. C'est pourquoi nous n'avons pas rangé cette fonction au nombre de celles où son ministère est facultatif et où son action émane de sa propre initiative.

§ III.

Action du ministère public en matière d'expropriation.

On sait que l'expropriation pour cause d'utilité publique s'opère par autorité de justice.

La loi du 3 mai 1841 charge le ministère public de requérir le jugement d'expropriation des terrains ou bâtiments dont le préfet a donné l'indication dans un arrêté (art. 11) pris au préalable. Le préfet transmet au procureur les pièces nécessaires pour éclairer le tribunal, plans, réclamations des intéressés, etc., et les pièces constatant que toutes les formalités ont été remplies.

Sur le vu du réquisitoire écrit par le procureur de la république , le tribunal prononce , et , quelle que soit la décision rendue , le ministère public (sauf le procureur général à la Cour de cassation et le ministre dans les cas prévus par les art. 80 et 88 de la loi du 27 ventôse an VIII) n'a point qualité pour se pourvoir contre elle. C'est, en effet, au préfet seul qu'appartient exclusivement l'exercice des actions qui compètent à l'administration.

§ I V.

Fabriques paroissiales.

Il suffira, sur cette matière spéciale, de reproduire ici l'art. 90 de la loi du 30 décembre 1809.

Chaque année, le trésorier de la fabrique doit présenter l'état de sa comptabilité. « Faute par le trésorier de présenter son compte à l'époque fixée, et d'en payer le reliquat, celui qui lui succédera sera tenu de faire, dans le mois au plus tard, les diligences nécessaires pour l'y contraindre; et, à son défaut, le procureur du tribunal, soit d'office, soit sur l'avis qui lui en sera donné par l'un des membres du Conseil, soit sur l'ordonnance rendue par l'évêque en cours de visite, sera tenu de poursuivre le comptable devant le tribunal de première instance et le fera condamner à payer le reliquat, à faire régler les articles débattus, ou à rendre son compte s'il ne l'a été, le tout dans un délai qui sera fixé; sinon, et ledit temps passé, à payer provisoirement, au profit de la fabrique, la somme égale à la moitié de la recette ordinaire de l'année précédente, sauf les poursuites ultérieures. »

On le voit, cette attribution n'est pas très-importante, puisque le ministère public ne peut même contraindre le trésorier de la fabrique à rendre compte devant le tribunal, mais seulement devant l'autorité administrative, c'est-à-dire devant les Conseils de préfecture et la Cour des comptes (Cass., 9 juin 1823. Sirey, 24-1-36).

CHAPITRE III

SOMMAIRE. 1. Pourvois dans l'intérêt de la loi. — 2. Annulations pour excès de pouvoirs.

Il ne nous reste plus, pour achever cette étude de l'intervention du ministère public en matière civile, qu'à examiner sommairement les règles d'une voie de recours extraordinaire qui appartient au procureur général près la Cour de cassation et qui prend le nom de : *Pourvoi dans l'intérêt de la loi*. Nous traiterons aussi dans ce chapitre des *annulations pour excès de pouvoirs*.

§ I.

Pourvois dans l'intérêt de la loi.

Il s'agit ici de parer à l'inconvénient, qui résulterait d'une sentence rendue à l'encontre des règles du droit et par une mauvaise application des lois. Ce jugement, passé en force de chose jugée, pourrait constituer un précédent fâcheux. Nous pourrions reproduire ces paroles de Garat que nous avons déjà citées et qui prouvent combien ce point de vue attirait l'attention des auteurs anciens : « Le rôle des gens du roi est de s'opposer aux interprétations arbitraires, à cette jurisprudence versatile qui déshonorent la justice par la versatilité de leurs oracles. »

L'ancien droit tombait peut-être dans un excès

contraire, en ce sens que, le ministère public ayant toujours le droit de porter appel de toute sentence rendue, même sans avoir été partie dans l'instance, les parties voyaient recommencer leurs procès peut-être malgré elles, et il pouvait en résulter une certaine perturbation dans les intérêts privés.

La loi du 27 ventôse an VIII, qui nous régit encore dans son art. 88, institua le pourvoi dans l'intérêt de la loi. C'est un recours dans un intérêt purement doctrinal, n'ayant d'autre but que de faire consacrer une saine interprétation des lois, et de diriger la jurisprudence.

C'est pourquoi le législateur a voulu que, quelle que fût l'opinion des juges suprêmes, leur décision n'eût aucune influence sur les intérêts des parties, dont les droits ont été définitivement fixés par le jugement rendu en dernier ressort, et tout délai d'appel étant expiré.

Nous donnons ici le texte de l'art. 88 : « Si le commissaire du gouvernement apprend qu'il ait été rendu en dernier ressort un jugement contraire aux lois ou aux formes de procéder, ou dans lequel un juge ait excédé ses pouvoirs et contre lequel cependant aucune des parties n'ait réclamé dans le délai fixé, après ce délai expiré, il en donnera connaissance au tribunal de cassation ; et si les formes ou les lois ont été violées, le jugement sera cassé, sans que les parties puissent se prévaloir de la cassation, pour éluder les dispositions de ce jugement, lequel vaudra transaction pour elles. »

On s'est demandé si le même droit appartiendrait

au ministère public, au cas où les parties elles-mêmes auraient formé un recours en cassation.

L'art. 88 porte ces mots, « contre lequel aucune des parties n'ait réclamé dans les délais fixés. » Et l'art. 441 du Code d'instruction criminelle, dans le même but, dit que le procureur général pourra déférer à la Cour de cassation, les arrêts ou jugements rendus en dernier ressort, contre lesquels aucune des parties n'aura réclamé dans les délais déterminés par la loi. Il semblerait que, devant des expressions aussi formelles, il faille décider que le pourvoi du ministère public serait sans effet devant celui des parties. Cependant nous croyons qu'il peut encore avoir son utilité. En effet, il peut se faire que la Cour suprême n'admette pas les motifs sur lesquels les parties se sont appuyées, dès lors il y a un intérêt pour le ministère public à se pourvoir lui-même dans l'intérêt de la loi.

Il a été admis, dans cet ordre d'idées, que l'avocat général de service à l'audience où ont été discutés les moyens présentés par les parties pouvait, tout en concluant au rejet de ces moyens, requérir la cassation dans l'intérêt de la loi (arrêt du 21 mai 1829 et 13 juin 1835).

§ II.

Annulation pour excès de pouvoirs.

Ce cas d'annulation est prévu par l'art. 80 de la même loi, c'est-à-dire de la loi du 27 ventôse an VIII, « le gouvernement par la voie de son commissaire et sans préjudice du droit des parties intéressées, dénoncera au tribunal de cassation, section des requêtes, les actes par lesquels les juges auront excédé leurs pouvoirs ou les délits par eux commis relativement à leurs fonctions. La section des requêtes annulera ces actes, s'il y a lieu, et dénoncera les juges à la section civile, pour faire à leur égard les fonctions de jury d'accusation.... »

Nous remarquons des différences sensibles avec le cas précédant : Ici l'officier du parquet n'agit plus de son initiative privée, mais sur l'ordre du garde des sceaux ; de plus, il n'est pas nécessaire que les jugements soient en dernier ressort et que les parties aient laissé expirer les délais d'appel.

Les conséquences du pourvoi pour excès de pouvoirs sont toutes différentes du pourvoi dans l'intérêt de la loi. Tout à l'heure nous avons vu que les résultats de ce dernier pourvoi étaient indifférents pour les parties dont les droits restaient intacts ; ici tout est anéanti, l'acte annulé cesse d'exister à l'égard de tous les intéressés.

Pour plus de célérité, le pourvoi est directement porté devant la chambre des requêtes qui d'ordinaire n'annule pas les jugements mais se contente de rejeter ou d'admettre les pourvois.

Telles sont les deux garanties assurées par le législateur pour la bonne exécution de la justice et l'exacte interprétation des lois. Ces deux voies suprêmes de recours ferment en quelque sorte la dernière issue par laquelle auraient pu échapper l'erreur et l'abus.

APPENDICE

Il importe maintenant de passer en revue, d'une façon rapide, les différents mouvements de la doctrine et de la jurisprudence sur notre matière et particulièrement sur la question de l'étendue de l'action du ministère public que nous avons développée dans le chapitre III des principes généraux.

Nous avons déjà parlé des arrêts qui, comme ceux de Bruxelles et de Pau, n'abordaient pas la question au fond et s'appuyaient par analogie sur des articles du Code civil pour justifier l'action du ministère public (Toullier, 1810, 1, n° 668; Delvincourt, p. 338).

Nous n'avons pas à y revenir.

Un des premiers arrêts où nous rencontrons la question soulevée et discutée est un arrêt de la Cour de Metz du 21 janvier 1812 (Dalloz, Repert. *verbo* Degrés de jurid., n° 391). Les considérants de cet arrêt donnent d'excellents arguments en faveur du système que nous avons soutenu : le système restrictif. Nous y trouvons une distinction fort judicieuse entre les deux alinéas de l'art. 46 de la loi du 20 avril 1810 (1).

____

(1) « Considérant, dit cet arrêt, qu'il résulte des art. 45 et 46 de la loi de 1810, que si, dans la partie criminelle, la voie d'action est déférée aux procureurs généraux sans aucune exception, il n'en est pas de même dans la partie civile, où la loi n'accorde l'action au ministère que dans les cas qu'elle a spécifiés, et que par conséquent elle la leur a interdite hors de ces cas; qu'il ne faut pas confondre ces deux expressions : agir d'office et poursuivre d'office, qui se rencontrent

Signalons à peu près vers la même époque un arrêt de la Cour de cassation du 8 mars 1814 (Sir. anc. édit. 1814-1-278), ne reconnaissant que le droit de réquisition au procureur général en dehors des cas spécifiés ; toujours dans le même ordre d'idées, un arrêt de la Chambre civile du 11 août 1818, cassant les arrêts de Paris du 1ᵉʳ juillet 1816 et 25 mars 1817.

Nous verrons, en effet, que la Cour de Paris a presque de tous temps soutenu le système extensif.

Entre les années 1816 et 1824, période qui coïncide avec l'abolition du divorce, nous trouvons un certain nombre d'arrêts cassant des jugements ayant prononcé trop facilement la nullité de certains mariages. Ces arrêts qui semblent invoquer le droit du ministère public à interjeter appel dans de semblables conditions, ne s'appuient pas seulement sur l'art. 46 de la loi de 1810, mais l'on peut dire principalement sur les art. 184 et 191 par analogie (*Sic* Grenoble, 28 juillet 1818, et Agen, 14 janvier 1818 (1).

La section civile de la Cour de cassation eut à

dans la première et la deuxième partie de l'art. 46, pour en conclure que le ministère public doit agir d'office et se rendre partie dans les procès sur appels de jugements dans lesquels il croirait rencontrer des contraventions aux lois qui intéressent l'ordre public ; que l'art. 46 a bien distingué l'action et la poursuite d'office ; qu'il a déféré l'action d'office au ministère public, à l'effet de provoquer des jugements et arrêts dans les cas spécifiés par la loi, mais qu'il l'astreint à la poursuite d'office pour ce qui concerne l'exécution des lois, arrêts et jugements dans les dispositions qui intéressent l'ordre public ; que la cause actuelle ne présentant aucun des cas spécifiés par la loi au sujet desquels elle défère l'action d'office au ministère public, le procureur général est sans qualité pour interjeter appel comme de juge incompétent, du jugement dont il s'agit.... »

(1) Merlin, rep., *verbo* Mariage, édit. 1824, t. XVI, p. 791.

trancher la question d'une manière catégorique dans trois arrêts successifs, cassant, le 1er août 1820 (affaire Combalot), un arrêt de la Cour de Grenoble; le 5 mars 1821, un arrêt de la Cour d'Agen ; le 5 juillet 1824, un arrêt de la Cour d'Aix (Dalloz, *verbo* Mariage, n° 521, Journal du Palais, 3me édition chronol. à leurs dates (Sirey, t. VI, 1-286 et 391.)

Les considérants de ces arrêts sont loin d'éluder la question et la résolvent comme les précédents contre l'action du ministère public, bien que, si nous pouvions entrer dans le détail de ces arrêts, il serait facile de montrer que le droit d'action se présentait dans des conditions exceptionnellement favorables. Signalons encore, vers cette époque, un arrêt de la Cour de cassation dans le sens restrictif, qui affirme, une fois de plus, la doctrine de la Cour. Il s'agit de l'arrêt du 3 avril 1826, affaire d'Apchier de la Tour d'Auvergne (Sir. VIII-1-310, Dall. 1826-1-238).

Il s'agissait encore d'un arrêt de la Cour de Paris qui avait admis les conclusions du procureur général tendant à faire défense aux parties appelantes de porter le nom d'Auvergne. Le sieur d'Apchier se pourvut en cassation pour violation de la loi du 24 août 1790 et du 20 avril 1810, et ce pourvoi fut admis à la date que nous avons indiquée, « considérant, dit l'arrêt, qu'il est certain en droit que le ministère public n'était autorisé par aucune loi à former une pareille demande... »

En étudiant successivement, dans la seconde partie de notre travail, les cas spécifiés par le Code civil et les lois spéciales, nous nous sommes étendu tout particulièrement sur les actes de l'état civil. C'est au sujet de cette matière, très-importante d'ailleurs, que se sont livrées les luttes les plus ardentes. Nous avons conclu de l'avis du Conseil d'Etat du 12 brumaire an XI, des art. 75 de la loi du 25 mars 1817, en y ajoutant à une époque postérieure les lois du 10 juillet 1850 et 28 mai 1818 qui les confirment, après examen, nous avons conclu qu'il ressortait de ces textes le droit, pour le ministère public, d'agir en rectification des actes de l'état civil. Aussi bon nombre d'arrêts ont décidé en ce sens, s'appuyant non pas sur le principe de l'action illimitée du ministère public, mais sur les textes spéciaux dont nous parlons, venant ainsi confirmer la doctrine que nous soutenons, à savoir qu'il faut, pour autoriser l'intervention des officiers du parquet, un texte spécial. Ainsi jugé : Toulouse, 1er août 1836 (Dall. *Actes de l'état civil*, n° 116, Sir. 1837-11-185); Nîmes, 21 mars 1838 (Dall. *id.*, n° 435); Poitiers, 9 mai 1843 et 26 mai 1846 (Sir. 46-11-462). Ajoutons, à cette époque, que la Cour de Paris modifie la jurisprudence : arrêt du 29 février, 26 avril 1833 (Dall. 1833-11-209).

La jurisprudence de la Cour de cassation n'avait guère varié, comme nous l'avons vu; mais quelques Cours résistaient encore à l'adoption de sa doctrine, et nous voyons un arrêt de la Cour de Limoges, après partage, décider le 17 janvier 1846, en audience solennelle, que le ministère public avait le droit d'opposition au mariage en vertu de l'art. 46 de la loi de 1810 (affaire Vignaud, D. 1846-2-34).

Cet arrêt fut suivi d'un autre de la Cour de Paris, le 13 août 1851 (affaire Vergniol, D. 1852-2-113).

La question de savoir si le ministère public avait droit de faire opposition au mariage, question que nous avons étudiée en son lieu, se présenta devant la Cour suprême en 1855.

Un jugement du 18 juillet 1855 du tribunal de Vitré avait éloigné l'opposition faite par le procureur impérial, et la Cour de Rennes sur son appel avait confirmé ce jugement. La chambre civile rendit un arrêt le 21 mai 1856 cassant l'arrêt de la Cour de Rennes. Mais proclamait-elle le principe extensif, ou sur cette question générale, persistait-elle dans sa doctrine ? Un auteur considérable, M. Alglave, prétend que cet arrêt marque une phase nouvelle, une évolution complète dans la jurisprudence de la Cour de cassation, et il appelle en témoignage les paroles de M. le conseiller Laborie dans l'affaire Terrier de la Chaise, le 22 janvier 1862 (Dalloz, 62-11-5). Cependant nous ne croyons pas que, dans cet arrêt, la Cour ait cru revenir sur sa jurisprudence antérieure : l'arrêt parle bien de la loi de 1810, mais pour lui, le droit de former opposition est la conséquence du droit qui appartient au ministère public de requérir la nullité du mariage irrégulièrement contracté ; il y a donc en quelque sorte un cas spécifié, ainsi application du principe restrictif (Dall. 1856-1-208. Sir. 1857-1-111).

Nous trouvons dès lors encore un grand nombre d'arrêts dans le sens de la doctrine restrictive. Nous citerons : Dijon, 11 mai 1860, P. 60-486 ; — Colmar, 6 mai 1860, P. id. 492 ; — Douai, 18 août 1860, P. 60-799 ; — Amiens, 11 décembre 1860, Sir. 61-2-39 ; — Bordeaux, 8 août 1861,

P. 63-258 ; — Limoges, 5 décembre 1860, D. 63-1-452.

D'autres ne tranchent pas la question directement, mais s'appuyent sur des textes spéciaux, ce qui est en somme une application de notre système. Tels sont les arrêts de Colmar, 29 nov. 1859, D. 1860-11-171 ; — de Schlestadt, 25 janv. 1860, D. 1860-11-169 ; — d'Angers, 5 déc. 1860, J. P. 61-201 ; — d'Angers, 27 mars 1860 ; — de Nîmes, 9 août 1860, D. 62-11-19.

Parmi les Cours dissidentes à cette époque, nous citerons : Orléans, 17 mars 1860, Pal. 60-799 ; — Montpellier, 10 mai 1859, D. 60-11-143 ; — Agen, 26 juin 1860, D. 60-11-141 ; — Metz, 31 juillet 1860, D. 60-11-139.

La question revint nécessairement devant la Cour de cassation. Nous rencontrons, en effet, un arrêt du 21 novembre 1860 (Dalloz, 1861-1-473), rejetant un pourvoi du ministère public contre un arrêt de la Cour de Dijon, du 11 mai 1860, sur un rapport très-catégorique du conseiller Renaut d'Ubexi.

De même, un second arrêt du 19 novembre 1860 de la chambre des requêtes (Dalloz, 1861-1-87. Affaire de Lescure).

Il s'agissait, dans ces deux affaires, de rectification d'actes de l'état civil. Tout en repoussant l'action illimitée, fondée sur l'art. 46, ces deux arrêts déniaient même au ministère public le droit de s'appuyer sur les textes spéciaux que nous avons étudiés, tels que l'avis du Conseil d'Etat du 12 brumaire an XI et la loi de 1858 sur les usurpations de titres ; nous savons que, sur ce dernier point, la Cour est revenue sur sa jurisprudence.

Nous avons, en effet, en parlant de la rectification des actes de l'état civil, cité l'arrêt de la Cour de cassation dans l'affaire Dartaud et Terrier de la Chaise du 22 janvier 1862 (D. 1862-11-5). Cet arrêt, précédé d'un rapport très-considérable de M. le conseiller Laborie et d'un réquisitoire très-brillant du procureur général Dupin, ne tranche pas la question générale du droit d'action du ministère public dans tous les cas où l'ordre public est intéressé, car au lieu de se fonder sur l'art. 46, 2° de la loi de 1810, comme l'avaient fait presque toutes les Cours d'appel, il invoquait seulement l'avis du Conseil d'Etat du 12 brumaire an XI et le décret du 18 juin 1811.

La chambre des requêtes se conforma au système de la chambre civile par un arrêt de rejet du 27 mai 1862; la Cour de Bordeaux ayant encore repoussé le droit d'action du ministère public, le 3 mars 1862, son arrêt fut cassé par un arrêt de la chambre civile du 24 novembre 1862.

Ajoutons un arrêt du 3 juin 1867 de la Cour de Paris déclarant certain en jurisprudence que le ministère public est chargé de veiller à la fidèle observation des lois relatives à l'état civil des citoyens, et qu'il a le droit d'agir d'office comme partie principale, même par la voie de l'appel, en matière de rectification d'actes de l'état civil dans toutes les circonstances qui intéressent l'ordre public (Dal. 1867-11-98).

Nous avons pu constater que la Cour de cassation est restée fidèle à la doctrine restrictive jusqu'à une époque très-rapprochée de nous. Nous allons maintenant examiner la jurisprudence la plus nouvelle.

Nous rencontrons d'abord un arrêt de la chambre civile du 3 juillet 1865 dont, nous devons le dire, nos adversaires se sont emparés, mais que nous revendiquons pour la confirmation de notre doctrine. Dans cet arrêt, en effet (affaire Chadebec, D. 65-1-262), nous lisons : « Si, en vertu de l'art. 46 de la loi de 1810, combiné avec l'art. 6 du titre VIII de la loi du 24 août 1790, cette décision (celle dont le procureur général d'Alger voulait interjeter appel) pouvait être déférée à la Cour impériale par le procureur général près cette Cour, en tant qu'elle *renfermerait une usurpation des fonctions* et une *infraction à l'ordre des juridictions* en matière de discipline, infraction dont le redressement intéresse directement l'ordre public, le même magistrat était, au contraire, sans qualité pour attaquer la décision en tant qu'elle avait statué sur un intérêt privé, le ministère public ne pouvant, d'après les art. 2, titre VIII de la loi de 1790 et 46 de 1810, s'exercer par voie d'action directe et d'office en matière d'intérêts privés ou civils que dans les cas spécifiés par la loi, cas qui ne se rencontrent pas dans l'espèce. »

Cet arrêt nous semble bien clair : nous sommes sur un terrain *privé,* où il n'y a pas de texte qui permette d'agir par voie d'action ; donc, nous repoussons l'appel du ministère public. Si, au contraire, nous nous trouvions en matière disciplinaire ou matière d'infraction dont le redressement intéresse l'ordre public et qu'il s'agît là de ces lois dont le 2° de l'art. 46 fait mention : *lois et règlements* de police intérieure dont le ministère public *a toujours* pu *poursuivre* l'exécution , à cause du caractère plus ou moins pénal de ces lois, etc...; nous le demandons sincèrement, cet arrêt ne confirme-t-il pas d'une façon complète notre manière de voir? et l'opinion adverse peut-elle, avec l'apparence de raison, s'en emparer pour sa thèse?

Nous rencontrons ensuite un arrêt de la Cour de Paris du 2 juillet 1867, D. 67-2-123, affaire Titcherine.

Nous ne pouvons entrer dans de grands détails au sujet de cette affaire, qui marque pourtant une phase dans la jurisprudence de la Cour. Nous nous contenterons d'en extraire ce qui suit : « ... Considérant, qu'en dehors des cas spécifiés par la loi, où une action directe et principale appartient toujours au ministère public, *le droit du ministère public d'agir comme partie principale ne saurait exister d'une manière absolue et sans distinction dans toutes les affaires qui intéressent l'ordre public*, actuellement mis en péril et dont la défense nécessiterait son intervention, etc.... »

D'où il faut faire découler un nouveau système, à savoir : que la Cour de cassation, n'osant pas consacrer l'action du ministère public toutes les fois que l'ordre public est intéressé, fait une distinction assez subtile qui ne repose sur aucun texte, d'où son défaut évident.

Elle ne reconnaît le droit d'action que dans les cas où l'ordre public court un péril imminent; hors de là si l'ordre social n'est menacé que dans une mesure relative, s'il s'agit, qu'on nous passe ce mot, d'un simple croc-en-jambe donné à la loi et pouvant passer inaperçu, alors il faut un texte spécial.

Cette théorie nous paraît au moins hardie, et nous faisons l'honneur aux partisans de l'action illimitée, que nous avons combattue jusqu'ici, de leur reconnaître plus de franchise dans leur doctrine qui repousse également, nous en sommes persuadé, de pareils attermoiements. (Voir les notes qui accompagnent cet arrêt, Dall. 1867, 11-121.)

Ce premier pas assez timide, on le voit, dans une route nouvelle devait cependant servir de précédent.

Nous voyons, en effet, en 1869, le 25 mai (D. 69-1-414), la Cour de cassation introduire dans ses considérants cette phrase singulière : « Attendu qu'il est de jurisprudence constante que le ministère public peut agir d'office et par voie principale dans les cas intéressant l'ordre public..... » Cette jurisprudence constante, dont il est parlé, consiste en un arrêt unique, et encore voyons-nous qu'il n'avait pas la portée qu'on lui attribue, puisque l'arrêt de 1867 introduisait, nous le savons, un troisième système.

C'est aussi ce que dit la Cour de Paris le 23 août 1870, D. 71-2-9 : « attendu que l'art 46 de la loi de 1810 confère au ministère public le droit d'agir toutes les fois que l'ordre public est intéressé.... »

On le voit, malgré les termes formels dont se servent ces derniers arrêts, il est permis de croire que ce n'est pas là une jurisprudence définitive, et que si la question venait à se poser de nouveau et d'une manière en quelque sorte plus catégorique, on saurait tenir compte que la nouvelle jurisprudence est de bien fraîche date et assez peu solidement assise, tandis que la tradition de la haute Cour a été constante en sens contraire pendant de longues années, et a reçu l'appui de grands et éminents jurisconsultes. Nous avions donc raison de dire, en commençant, que cette intéressante question pouvait encore être utilement débattue, et qu'aucun des partis ne pouvait considérer le litige comme définitivement tranché.

Nous ne serions pas complet si nous ne disions un mot de la doctrine.

Signalons un ouvrage que nous avons déjà cité, de MM. Ortolan et Ledeau (*le Ministère public en France*, t. I, page 71) qui ont professé la doctrine restrictive dans leur ouvrage. Revendiquons aussi M. Duvergier dans ses notes sur Toullier (*Droit civil*, 6ᵉ édit. 1846, I, nᵒ 592), M. Carré, *Analyse raisonnée*, 1812, nᵒ 1669. Voir la critique de sa doctrine par Chauveau (*Lois de la procédure civile*, t. VI, p. 382).

Ajoutons MM. Aubry et Rau, dont les ouvrages font autorité, 3ᵉ édit. t. I, page 188, t. IV, page 32, note 27, et page 40, note 6); — Mourlon (*Repert.*, 1858, t. I. page 323).

M. Demolombe, dans son édition de 1860, peu de temps avant l'arrêt du 21 novembre 1860, s'est rallié également à l'opinion que nous défendons, et non sans un sérieux examen, puisqu'il avait suivi la doctrine contraire jusque-là; aussi sommes-nous heureux de nous abriter sous son autorité (t. I, nᵒ 333; t. III, nᵒˢ 151 et 312).

Voir aussi Dutruc, *Journal du ministère public*,
1860, page 208.

Parmi les derniers ouvrages parus, nous nous plaisons à rendre hommage à l'excellent travail de M. Debacq, auquel nous avons fréquemment renvoyé le lecteur.

Ce n'est pas que l'opinion adverse ne compte d'adhérents autorisés, nous citerons M. Duranton (v. 1-339), M. Valette (sur Prudhon, 1, p. 212-420, et 1444. *Cours de Code civil*, p. 220, éd. 1872).

On cite encore MM. Massé et Vergé (t. I, p. 108.) Bioche (*Diction. de procédure civile*, *Actes de l'état civil*, n° 41); enfin un ouvrage relativement récent de M. Alglave, que nous avons également cité, où se trouve développée d'une manière aussi brillante qu'approfondie, l'importante question de l'étendue de l'action du ministère public. Il ne nous appartient pas de faire l'éloge du maître, disons seulement qu'il est actuellement le champion le plus autorisé du système extensif, et que l'on peut puiser dans son œuvre les arguments les plus nouveaux dans le sens de sa doctrine.

Nous sommes arrivé au terme de notre étude sur les principes qui régissent l'action des magistrats du parquet en matière civile.

Nous avons suivi cette institution depuis sa création à travers ses principaux développements jusqu'à nos jours. Nous avons pu constater, en étudiant le cercle dans lequel se mouvait le ministère public, que l'étendue de ses pouvoirs était suffisante à la sauvegarde de notre ordre social; que, plus restreinte dans ses attributions, cette institution se trouverait, à coup sûr, impuissante à accomplir sa mission protectrice; qu'avec un pouvoir plus étendue, elle courrait le risque d'éveiller les susceptibilités des esprits jaloux de la liberté individuelle et de l'initiative privée. La jurisprudence la plus nouvelle, répudiant ses craintes, n'a pas hésité à étendre la sphère d'action du ministère public; profitant d'une certaine obscurité des textes, elle a consacré une doctrine contraire à celle que nous avons cherché à faire ressortir de l'esprit comme de la lettre des lois régissant la matière. A vrai dire, bien que nous ne partageons pas cette manière de voir, elle ne nous cause aucune alarme pour le présent, persuadé que nous sommes que le danger d'une immixtion immodérée dans les affaires des particuliers n'est pas à craindre, tant que l'autorité est aux mains de magistrats éclairés, mus par le seul sentiment du devoir et n'ayant d'autre ambition que de ne laisser aucun désordre impuni, s'assimilant aux véritables défenseurs de la patrie en repoussant de son sein, selon l'expression de Quintilien, la peste intérieure des criminels.

POSITIONS

DROIT ROMAIN

I.   L'action de dol a précédé la *restitutio in integrum* parmi les voies répressives.

II.   Ce n'est pas à cause du caractère infamant de l'action de dol qu'elle n'est accordée que très-difficilement par le préteur.

III.   L'action de dol pouvait être donnée contre le mineur *doli capax* avec tous ses effets ordinaires.

IV.   Le préteur accordait à son gré l'action de dol et la *restitutio in integrum*, bien que ce dernier moyen dût être préféré en général.

V.   Contrairement à la loi 19 (*de dolo malo*), il faudrait, pour arriver à une solution équitable, donner au créancier l'action du contrat contre le fidéjusseur.

VI.   Dans l'action négatoire, la preuve doit être faite par le demandeur.

VII.   L'action restitutoire accordée au créancier repoussé par l'exception du sénatus-consulte Velléien, n'est pas une *restitutio in integrum*.

DROIT CIVIL

I.   La faculté d'interjeter appel doit être reconnue au ministère public, alors même qu'il ne se serait pas porté partie principale en première instance, dans une matière, toutefois, où la loi l'aurait autorisé à agir.

II.   L'art. 46 de la loi du 20 avril 1810 ne confère pas au ministère public le droit d'agir par voie d'action principale dans tous les cas où l'ordre public est intéressé, mais seulement dans les cas spécifiés par la loi.

III.   Le ministère public n'est pas obligé d'attendre que les héritiers de l'absent aient demandé l'envoi en possession provisoire pour requérir l'ouverture de son testament. Il peut faire nommer un administrateur spécial contre lequel il introduira une demande.

IV.   Lorsque l'absent sera de retour, le droit d'attaquer le mariage, qu'aurait contracté son conjoint, appartient non pas seulement à l'absent de retour, mais à toutes les personnes mentionnées dans l'art. 184, y compris le ministère public.

V.   Le droit que les articles 184 et 190 confèrent au ministère public ne lui permet pas d'interjeter appel d'un jugement qui aurait prononcé à tort la nullité d'un mariage en se fondant sur la violation des articles auxquels les art. 184 et 190 renvoient.

VI.   Le ministère public n'a pas le droit de faire opposition à un mariage.

VII. Le ministère public est partie principale dans l'instance en restriction d'hypothèque dans les cas de l'art. 2145.

VIII. Le ministère public n'est pas autorisé à introduire une instance devant les tribunaux, pour faire déclarer la déchéance de la qualité de Français, contre un individu qui se trouve dans la situation de l'art. 21.

IX. La vente de la chose d'autrui est annulable.

X. La règle contenue dans l'art. 1423 s'applique également à la femme.

XI. Les créanciers, ayant obtenu la séparation des patrimoines, peuvent néanmoins venir en concours avec les créanciers personnels de l'héritier sur les biens de celui-ci.

DROIT CRIMINEL

I. La monomanie, portant sur des idées qui ont servi de mobiles ou de motifs à l'infraction, est une cause qui diminue et peut faire disparaître l'imputabilité.

II. L'ivresse peut avoir quelques effets de l'aliénation mentale, mais elle n'en a pas le caractère essentiel, le dérangement organique des facultés intellectuelles. Si l'ivresse est volontaire, elle rentre dans les moyens d'exécution du crime, et ne saurait être une cause de justification.

HISTOIRE DU DROIT

I.   Les sources à consulter pour l'étude de l'histoire féodale, sont surtout les monuments législatifs, laissés à l'étranger par les seigneurs français, après plusieurs expéditions lointaines qu'ils firent au XIe siècle.

II.   Le pouvoir royal n'était à l'époque féodale qu'une extension de la suzeraineté, c'est en se servant d'un principe de domination étranger qu'il parvint à dominer la féodalité.

DROIT INTERNATIONAL PRIVÉ

I.   Tout acte passé en France par un étranger dans la forme exigée par la loi de sa patrie, quoique valable dans celle-ci, ne l'est point en France. Mais il faut excepter le testament qui sera valable en France, s'il a été fait par un étranger dans la forme établie par sa loi nationale.

II.   Le testament conjonctif, fait dans un pays qui admettrait cette forme, par des Français, ne serait pas valable en France.

III.   Le régime de la communauté légale n'est pas toujours le régime qui régit les étrangers mariés en France et qui n'ont pas fait de contrat de mariage.

IV. Les questions d'hypothèques légales se rattachent au statut personnel et doivent être réglées par la loi de la nationalité de la personne au profit de laquelle la loi accorde cette protection.

V. La prescription de l'art. 1394 oblige même dans le cas d'un mariage fait à l'étranger par un français, la règle « *locus regit actum* » n'est pas applicable dans ce cas.

Vu :

ce 22 Novembre 1877.

Le président de la thèse,

DANIEL DE FOLLEVILLE.

Vu :

ce 12 Décembre 1877.

Le doyen,

BLONDEL.

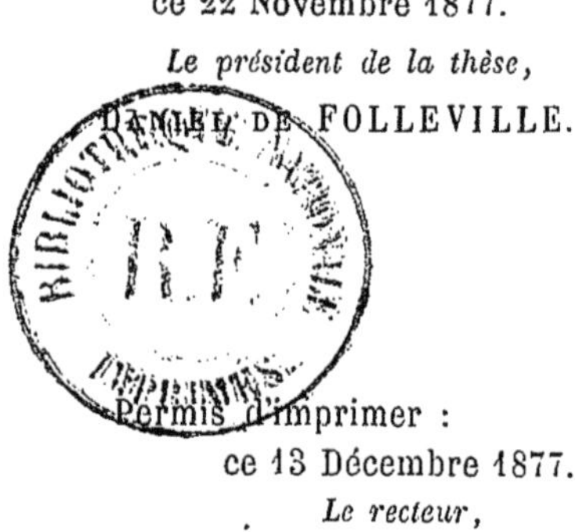

Permis d'imprimer :

ce 13 Décembre 1877.

Le recteur,

FLEURY.

TABLE DES MATIÈRES

PREMIÈRE PARTIE

Principes généraux.

PROLÉGOMÈNES

CHAPITRE I

CHAPITRE II

CHAPITRE III

DEUXIÈME PARTIE

SECTION PREMIÈRE

CHAPITRE I

CHAPITRE II

SECTION SECONDE

CHAPITRE I

CHAPITRE II

CHAPITRE III

APPENDICE

FIN DE LA TABLE DES MATIÈRES

— Lille. — Typ. J. Lefort. 1878. —